रफ़ कॉपी

दामिनी यादव का मास्टर्स ऑफ़ जर्नलिज़्म एंड मास कम्यूनिकेशन में गोल्ड मैडलिस्ट होने के साथ ही पब्लिकेशन और मीडिया में लगभग दो दशक लंबा करियर रहा है। आपने हिंद पॉकेट बुक्स, *मेरी संगिनी* तथा डायमंड पब्लिकेशंस की मैगज़ीन *गृहलक्ष्मी* में क्रमश: सब एडिटर, सीनियर सब एडिटर के रूप में सेवाएँ दीं। आप जाने-माने न्यूज़ चैनल द *वायर* में 'हिंदी की बिंदी' शीर्षक से फ़ीचर शो की होस्ट और स्क्रिप्ट राइटर रहीं।

आपका कविताओं से जुड़ाव पहली रचना नौ साल की उम्र में बाल पत्रिका 'चंपक' में प्रकाशित होने से लेकर, देश की अनेक शीर्षस्थ साहित्यिक पत्र-पत्रिकाओं और वेबसाइट्स पर अब तक बना हुआ है। आपने साहित्य अकादेमी, हिंदी अकादेमी, वर्ल्ड बुक फ़ेयर, दूरदर्शन, कुरुक्षेत्र महोत्सव, बनारस महोत्सव समेत देश के अनेक सम्मानित साहित्यिक मंचों पर कई बार काव्य पाठ किया।

आपकी अनेक रचनाएँ हिंदवी, शब्दांकन, आदि वेबसाइट्स पर उपलब्ध हैं, जबकि आपकी कुछ काव्यकृतियों के अँग्रेज़ी, पंजाबी, बांग्ला, मराठी और मलयालम में अनुवाद भी हुए। आपकी लिखी कुछ कविताएँ साहित्य अकादेमी, दिल्ली द्वारा प्रकाशित कविता संग्रह *कविता में दिल्ली* में तथा सिग्नेचर पोएट्री 'माहवारी' का अँग्रेज़ी अनुवाद साहित्य अकादेमी के 'इंग्लिश जनरल' में संग्रहीत है।

आपकी कलम से निकला एक आलेख सातवीं कक्षा की पाठ्य पुस्तक 'वितान' में भी सम्मिलित किया गया है। आपके व्यक्तित्व एवं कृतित्व पर *ज़ी सलाम* के कार्यक्रम 'जहान-ए-निस्वाँ' के अंतर्गत विशेष कार्यक्रम भी प्रसारित हो चुका है। संप्रति आपकी स्वतंत्र रूप से संपादन, अनुवाद, एंकरिंग व वॉइस ओवर समेत कई अन्य व्यस्तताएँ हैं।

संपर्क : damini2050@gmail.com

रफ़ कॉपी

दामिनी यादव

MANJUL
मंजुल कथाकार
मंजुल पब्लिशिंग हाउस का इम्प्रिंट

MANJUL

मंजुल कथाकार

मंजुल कथाकार, मंजुल पब्लिशिंग हाउस का इम्प्रिंट है

कॉरपोरेट एवं संपादकीय कार्यालय

• द्वितीय तल, उषा प्रीत कॉम्प्लेक्स, 42 मालवीय नगर, भोपाल-462 003

विक्रय एवं विपणन कार्यालय

• सी–16, सेक्टर 3, नोएडा, उत्तर प्रदेश, 201301

वेबसाइट : www.manjulindia.com

वितरण केन्द्र

अहमदाबाद, बेंगलुरू, कोच्चि, कोलकाता, चेन्नई,
हैदराबाद, मुम्बई, नई दिल्ली, पुणे

यह संस्करण मंजुल कथाकार में मंजुल पब्लिशिंग हाउस द्वारा 2025 में प्रकाशित

रफ़ कॉपी

ISBN 978-93-7317-038-1

आवरण चित्र : अनु प्रिया
लेखक चित्र : लेखक द्वारा

टाइपसेटिंग : डीजीअल्ट्राबुक्स प्रा. लि., नई दिल्ली

मुद्रण व जिल्दसाज़ी : रेप्रो इंडिया लिमिटेड

अपनी यह किताब मैं समर्पित करती हूँ
हर उस व्यक्ति और वजह को, जिसने मुझे अपने अस्तित्व को नए सिरे से
परिभाषित करने लायक़ स्थिति में लाकर खड़ा कर दिया।

कविता-क्रम

भूमिका

दामिनी ने अपना नाम सार्थक करने वाली कविताएँ लिखी हैं—एक कौंध में जीवन-जगत की विडम्बनाएँ झप्प-से उजागर कर देने वाली कविताएँ। बिजली जब चमकती है तो ही पता चलता है कि अँधेरा कितना घना है। चौराहे पर भीख देते हुए गाड़ी वाले सेठ का युवा भिखारिन की तलहथी दबाना, बिकी क़लम की मिमियायहट, बेटी की टेढ़ी-मेढ़ी चोटी गूँथ देने वाले आधुनिक पिता के बरअक्स अपने दिवंगत पिता की अर्धनिमीलित स्मृतियाँ, उनकी समझाई हुई बातें, गर्भपात के पहले की स्त्री-मन की कसमसाहट, न सिर्फ़ गर्भ की, गिरने वाली बच्ची की भी, स्त्री की चमड़ी पर दर्ज युद्ध के अभिलेख और स्त्री का कुंडलिनी-सा अपराजिता भाव में जाग जाना, देह-दोहन के हज़ार प्रसंगों से टकराती स्त्री-अस्मिता; एक सधी हुई गरज-तरज के साथ, जिस शिल्प में सामने आते हैं, उसमें सजग, अनुभव-सिद्ध पत्रकारिता के तेवर हैं—बिना लाग-लपेट के सबकी ख़बर ले ली जाती है। दामिनी का अनुभव-जगत और भाव-जगत अत्यंत वृहद है, संवेदनशील है। अपनी साझेदारी का प्रभावी सामर्थ्य रखता है।

लेकिन, 'निष्पाप आँखों का मौन' पढ़ने का धैर्य भी इसमें है और 'न किए गए प्रेम' को 'मुंडकोपनिषद' की दूसरी चिड़िया की निस्संगता

भी। सड़क पर तंबूरा बजाकर चलने वाली राबिया फ़क़ीर और हमारी अपनी भक्त कवयित्रियों को भी कई ऐसे प्रसंग झेलने पड़ते थे और व्यक्ति प्रेम का उन्नयन मानव-प्रेम में जिस ख़ूबसूरती से ये करा जाती थीं, उसकी एक झलक आपको इस संग्रह की कई कविताओं में भी मिलेगी, ख़ासकर 'अंडा करी और आस्था' में। विद्रोही मन ही सच्चे समर्पण की पात्रता रखता है, पर उसका समर्पण रूढ़ियों और रीति-रिवाजों के फ्रेम में आबद्ध नहीं होता। हर औपचारिकता के परे होती है उसकी पूजा, एक सच्चा मन:संवाद ख़ुद का ख़ुद से।

इस प्रसंग की कई कविताएँ ध्यान खींचती हैं। 'यूज़ एंड थ्रो वाला भगवान', 'लिव-इन' रिश्तों की मारक चुनौतियाँ झेलती युवतियाँ, चौराहों पर टिश्यू पेपर बेचते नन्हे सौदागर बाज़ार के कई रंग ही उजागर नहीं करते, वे कई सार्थक प्रश्न भी उठाते हैं :

आपने आज जो दीये जलाए हैं
उनका तेल कहाँ से लाए हैं?
क्या याद है आपको वो किसान
जिसके सरसों-तेल ने रौशन किया है आपका जहान?

खिड़की के पर्दे हों या अक़्ल के—इन कविताओं के नाभि-तल से उठता प्रेम का बवंडर सब पलटने की क़ुव्वत रखता है। आँधी-बिजली-पानी—सबसे त्वरा लेकर दुर्ग द्वार पर दस्तक देती हैं, दामिनी की कविताएँ।

—अनामिका

अपनी कहूँ तो...

हम सभी अपने-अपने तरीक़े से अपनी ही तो कहते हैं, बस कहने का ढंग और शैली कभी ऐसी हो जाती है कि किसी मौक़े पर दूसरे का कहा अपना-सा लगता है और कभी आपबीती जगबीती बन जाती है। कहने-सुनने की भरपूर आज़ादी होने के बावजूद एक सेंसर है, जो हमारी दुनिया, समाज, रिश्तों और सोच में हर जगह होता है, कुछ जगहों पर ज़ाहिरी तौर पर और कुछ जगहों पर यह हमारे स्व-विवेक पर निर्भर करता है।

अगर सिर्फ़ अपनी बात करूँ तो कभी किसी डर के चलते तो कभी नैतिकता के मारे या फिर कभी किसी बिगाड़ के डर से ईमान की बात कहने में चूक होती रही। इन चूकों की बाहरी वजहें तो साफ़ होती हैं, लेकिन भीतरी वजहें सिर्फ़ और सिर्फ़ अंतरात्मा ही जानती है कि हम कहीं बोले थे तो क्यों बोले थे और चुप रह गए तो क्यों चुप रह गए। एहसास कह लीजिए या बोझ, बस उसी से निजात दिलाने का काम मेरी कविताएँ मेरे लिए करती रही हैं। ये कविताएँ ही हैं, जिन्होंने मुझे अब तक ज़िंदा भी रखा है और उम्मीदें भी नहीं खोने दी हैं।

हम सभी को कविताई की दीक्षा विधिवत रूप से बचपन में ही मिल जाती है, लोरियों की सूरत में। फिर एक उम्र और एक पड़ाव पार कर

लेने के बाद समझ में आने लगता है कि हर कविता सोने के लिए नहीं होती, कुछ का मक़सद जगाना भी होता है। हाँ, यह और बात है कि बाज़ दफ़ा यह सिर्फ़ हमारे मन की तसल्ली होती है कि हम कुछ ऐसा कह पाएँ, जो किसी दुनिया-समाज को, उसकी अपनी इच्छा के विरुद्ध जगा दे। अस्ल में हर एक का अपना सोना और अपना जागना होता है। यही सच्चाई जब अपने और गहरे रूप में समझ आती है तो लिखने की ज़रूरत भी गहरी होने लगती है, औरों के लिए नहीं, अपने लिए, क्योंकि बचेंगे, तभी तो बचाएँगे।

अस्ल में कविता होती क्या है? यह एहसास में डूबा हुआ एक आँसू ही तो है, जो कभी सुख में टपक जाता है, कभी दुख में। इसे जताने-बताने का सबका अपना ढंग, अपनी शैली। उम्र और पड़ाव के अनुसार फूल-पत्ते, चाँद-सितारे, प्यार-मुहब्बत जैसी मीठी-मीठी बातें भी भाती हैं, लेकिन जब पूरा का पूरा संसार सुलगता दिख रहा हो और चिंगारियाँ भी अपने घर तक आती दिख रही हों, तब क्या! जब हर रोज़ एक यक्ष-प्रश्न सामने आकर खड़ा हो जाए, जिसका उत्तर किसी के भी पास नहीं, तब अपने जलते स्व और समाज को अनदेखा कर कोई 'नीरो' ही होगा, जो बंसी बजा सकेगा। बाक़ियों के हिस्से तो मरघट का सन्नाटा ही आएगा। सो, अपने हिस्से के मौन में सेंध हैं मेरी ये कविताएँ। इनसे बाहरी दुनिया में भला क्या ही बदलेगा, लेकिन मेरी भीतरी दुनिया तो इनके असर में है ही। इन कविताओं में जो मैं दिख पा रही हूँ, वही मेरी समझ भी है, सोच भी। मेरे लिए ये मेरा दर्पण भी हैं, क्योंकि मैं अब ज़ुल्फ़ें सँवारने के लिए आईना देखने की उम्र से आगे हूँ और अब दर्पण में अपने को देखना, एक ज़िम्मेदारी का सामना करने का एहसास ज़्यादा होता है, चाहे वो ज़िम्मेदारी रिश्तों से जुड़ी हो, प्रोफ़ेशन से जुड़ी हो, समाज से जुड़ी हो या फिर अपने ही अस्तित्व से।

एक और बात शिद्दत से महसूस होती है कि चाहे अपनी ज़िंदगी हो या पूरा जहान, जाने कितने ही 'किंतु', 'परंतु' और 'काश' इसमें वक़्त के साथ जुड़ते चले जाते हैं। हर 'काश' के बाद लगता है कि ज़िंदगी हो या दुनिया, है तो अपनी ही। कितना ही अच्छा होता, अगर यह एक स्कूली रफ़ कॉपी की तरह होती! हर ग़लत और हर ग़लती को सुधार कर सँवारने का एक मौक़ा और मिल जाता। तब हम साफ़-साफ़, सुंदर-सुंदर ढंग से इसी बिगड़ी इबारत को नए सिरे से लिखते, लेकिन अस्ल में तो इसके साथ एक ही शब्द जुड़ा हुआ है—'काश'।

तीन किताबों के बाद यह मेरा दूसरा कविता संग्रह है, जो लगभग ग्यारह सालों के अंतराल के बाद आ रहा है और वह भी वरिष्ठ साहित्यकार अनामिका जी की प्रेरणा से। उनकी लाड़ भरी झिड़की मुझे अब भी याद है कि "तुम्हारी कविताएँ डायरी में लिखकर तकिये के नीचे रखकर सो जाने के लिए नहीं होतीं। दूसरा संग्रह आने का समय हो चुका है।" सो उनका प्यार और आदेश सर-माथे!

मुझे हमेशा ऐसा महसूस होता है कि किताबें जब हाथों में लेकर खोली जाती हैं तो लगता है, दुआओं के लिए खुली हथेलियाँ आपस में जुड़ रही हों। मेरी ये कविताएँ प्रार्थना हैं हर टूटन के जुड़ाव की, पाठकों की साझेदारी मेरी प्रार्थनाओं को समवेत-नाद तक ले जाएगी; सो अपनी सुखकामना करती हूँ, सबके सुख में, दुख में साझेदारी के साथ...

—दामिनी यादव

समर-संवाद

भुला दी गईं वे कविताएँ
जिनमें प्रेमियों की विरह
और प्रेमिकाओं के चुंबन लिखे थे
ताज़ा और जीवंत रहा बस वो लावा
जो लहू में बहता,
लहू को जिलाए रखने में रहा कामयाब।

धूर्त का ज्ञान साबित हुए वे सारे प्रवचन
जो भगोड़ों द्वारा व्यास गद्दियों पर बैठकर दिए गए थे
याद रहा तो बस
नमक का बढ़ता दाम और सिर छुपाए रखने का जुटान।

बच्चों की किलकारियों ने मोहना छोड़ दिया
और नज़रें अटकती रहीं उनके हाथों में थमे कटोरों पर
जो वे फैला देते हैं हर विकास-मार्ग की बत्तियों पर
विकास की रफ़्तार रोककर।

ललित कलाएँ अश्लीलता का चरम लगती हैं
इस चरमराते समय में
जब उनमें नहीं दिखती है फटे ज्वालामुखी की धार
और दिखती है बस फूलों और तितलियों से भरी बहार।

क़लम से कुरेदे जा रहे हैं दाँत
उनमें फँसे ज़िंदा गोश्त के टुकड़े निकालने को
जो पूरी की पूरी नस्ल को चबाते वक़्त अटक गए थे।

ओह!
मेरा कहा तुम्हें बेदर्द लगता है!
ऐसे शब्दों से ही सड़ता हुआ पस निकलता है
जो रह गया शेष देह में तो दलता रहेगा देश को
सो सुनो!
अपने कानों का मैल निकाल
और पतली कर अपनी मोटी खाल
मैं सरस्वती-पुत्री वीणा के तार नहीं बजाऊँगी
बल्कि उसे गदा की तरह लहरा
तुम्हें इस समर की बार-बार याद दिलाऊँगी।

अगर डर है मर जाने का
तो तुम मर चुके हो पहले ही, ये भी बताऊँगी।

नपुंसकों को लंगोट की ज़रूरत तो नहीं
फिर भी कस लो
कि समय के आह्वान की चुनौतियों से
तुम्हारा शीघ्रपतन न हो जाए कहीं
दम है अगर तुम्हारे हौसलों में
अपने अज्ञातवास से निकलने का
तो मुमकिन है इस बार
बृहन्नला विराट नगर का युद्ध ही नहीं
पूरी महाभारत अकेली जीत आए।

युद्ध-शिविर में मृत देह से जन्मे बच्चे के नाम

मुझे नहीं जानना
उन शौर्यगाथाओं के बारे में
जिनकी ध्वजाओं पर
रक्त के छींटे हैं
वे युद्ध भी मेरे लिए
सिवाय युद्ध के और कुछ भी नहीं
जिनसे की गई 'धर्म' की रक्षा
मेरी दृष्टि केवल उनपर है
जो शव बनकर बिछे हैं।

मेरे पास नहीं हैं उस चिकित्सक के लिए
बधाई और प्रशंसा के शब्द
जो किसी युद्ध-शिविर में
एक मृत माँ की देह से निकाल
उस नवजात को संसार में लाया है
वो नहीं जानता शायद कि अगली समर-भूमि में
उसने किसी गोली के लिए ये सीना सजाया है।

मुझमें नहीं हो रहा कोई विचलन
उन दृश्यों को देख लेने के बाद भी
जहाँ विरोधियों पर पाई जा चुकी विजय
तब तक संतुष्टि नहीं दे पाई
जब तक ठोकरों में नहीं उड़ाई गई
धराशायी हुए घरों के अवशेषों की धूल
ऊँचाई पर लहरा रही विजय-पताकाएँ
कितनी नीची लग रही थीं तब तक
जब तक विजय का इतिहास
मृत महिलाओं तक की देह को
रौंदकर न लिखा गया हो।

अपनी विजय पर तब तक संदेह होता है
जब तक उनमें अस्पताल और स्कूलों का मलबा भी
मिला नहीं होता है
ये सब अब कितना सहज लगता है
मनुष्य से दिखते चेहरों में भी मनुष्य नहीं दिखता है।

आश्चर्य नहीं, क्यों मैं भी भावशून्य सपाट हूँ
कल फिर नए विवरण आ जाएँगे
हम पुरातन इतिहास से अब तक चले आ रहे विध्वंस भूल
नवीन मंगलाचरण गाएँगे
हम लेते रहेंगे अंतिम श्वास तक यूँ ही श्वास नई
धरती भी घूमती रहेगी अनंतकाल तक
नहीं छोड़ेगी अपनी धुरी।

प्रेम कविता की मौत पर

जब मैं प्रेम कविताएँ लिखती हूँ
तुम कहते हो मुझमें दर्द नहीं है
जब मैं दर्द को नंगा करती हूँ
तुम कहते हो मुझमें शर्म नहीं है।

जब मैं शर्म से बोझिल पलकें
उठा तक नहीं पाती हूँ
तुम कहते हो, उठा नज़रें लड़की
तुझे तो अभी ज़माना देखना है।

जब ज़माने को देखकर मैं
तुम्हें दुनिया दिखाती हूँ
तुम कहते हो, लड़की!
तुझे तो अभी प्रेम करने की ज़रूरत है।

पर मेरी शर्म से झुकी पलकें
जो तुमने ज़बरदस्ती उठवाईं
खुली आँखों में जो तुमने
अपनी नंगी सच्चाइयाँ घुसाईं
वे देखती हैं सड़क पर जनमते और जनम कर सड़क पर ही मरते
इंसान के ही किसी बीज को।

वे ठिठक जाती हैं
बलात्कार से उधड़े शरीरों पर
वे देखती हैं सबका पेट पालने वाले
और ख़ुद भूख से बिलबिलाते-मरते किसान को
भूख की क़ीमत पर आबरू का
सौदा करवाते किसी धनवान को
ढाबे पर चाय बाँट-बाँट बुढ़ाते किसी बचपन को
सिर्फ़ अपना हक़ माँग लेने-भर से
अपराधी की श्रेणी में आते किसी नक्सल को।

ये कड़वी सच्चाइयाँ हैं परत-दर-परत
नहीं है इनका कोई समाधान, कोई हद
मुझे अब फूल-पत्ती, चुंबन-आलिंगन
नदियाँ-सागर, इंद्रधनुष-बादल
नज़र नहीं आते हैं
सिर्फ़ ख़ामोश चीख़ें और दर्द ही
मेरे कानों तक पहुँच पाते हैं।

फिर भी सुना तो यही है
कि दुनिया गोल है
और घूम भी रही है अपनी धुरी पर निरंतर
मैं इंतिज़ार में हूँ शायद
कभी पहुँच ही जाऊँ उस बिंदु पर दोबारा
जब मैं फिर लिख पाऊँ प्रेम कविताएँ
पर तब न कहना
कि मुझमें दर्द नहीं रहता है
देख सको तो देखो
मुझमें अब दर्द का लावा बहता है।

अब मैं शरमाऊँगी भी नहीं बल्कि
तुम्हें ही शर्मसार कर दूँगी
क्योंकि मैं अब जान गई हूँ
तुम्हारा भी राज़
कि कपड़ों के नीचे सबकी तरह
तुम्हारा जिस्म भी नंगा रहता है
तुम्हारी ज़बान कुछ कहती है
तुम्हारा जिस्म कुछ और कहता है
इसीलिए तो देखो
तुम्हारी दोग़ली समझदारी का ठीकरा
अब मेरी ठोकर पे रहता है।

ताज़ा ख़बरों का बासीपन

अचानक से मुझे सारी जानकारियाँ
बेमानी-सी लगने लगी हैं
सड़ांध, ऊब और बासीपन से भरी
लगने लगी हैं सारी ख़बरें
ये ख़बरें या तो धमकी लगती हैं या झूठे सपने
ये या तो डराती हैं अब
या लगती हैं सच को ढकने
इन ख़बरों में बस ऐसी ही ख़बरें मिलती हैं
जिनका वजूद मेरे वजूद के लिए
मायने नहीं रखता है।

चाँद पर पानी मिलने से
क्या बदल जाएगा?
मेरी प्यास मोहल्ले के नल में अगर आया
तो वही पानी ही बुझा पाएगा
रौशन हों भले ही और हज़ारों सूरज ब्रह्मांड में
मेरे अँधेरे के हिस्से में तो
एक अदद बल्ब का उजाला ही आ पाएगा।

क्या पता खेल में शामिल हो गई है राजनीति
या राजनीति में ही सारे खेल होते हैं
क्या पता क्या पाने के लिए
लोग अपना ज़मीर खोते हैं।

विदेशी भाषाओं की हमारी जानकारी अब
विदेशियों तक को डराएगी
तो क्या वो रिश्तों में फैलते
सन्नाटों को भी समझ पाएगी?

दुनिया ख़रीदेगी हमसे अब
तरक़्क़ी के साज़ो-सामान
तब तो किसानों की लाशों का भी अब
पेड़ों से लटककर ही क़र्ज़-मुक्ति पाना नहीं होगा अंजाम?
औरतें गाड़ देंगी अब कामयाबी के झंडे
नज़र नहीं आएँगे अब उनके जिस्म के
रौंदे-कुचले-मसले दुपट्टे।

ये ख़बरें ही बताती हैं कि आज
न बचपन न बुढ़ापा सुरक्षित है
न बकरी तक की नस्लें
धर्म गला नहीं काटेगा किसी का
देगा इंसानों के बग़ल में इंसान को बसने।

ऐसी ही जाने कितनी ख़बरों से
भरा पड़ा है ये अख़बार
फिर भी मुझे लगने लगा है बेमानी-बेकार
इसी में छपी बस एक जानकारी ही
मेरे कुछ पल्ले पड़ी है कि
अख़बार और पानी से साफ़ करने पर
आईने चमक जाते हैं
किरदारों की बात करना तो
मेरे बस में ही नहीं है।

चलिए अख़बार से पाए इस टिप्स की बदौलत
मैं अपने घर के आईनों को ही चमका देती हूँ
इनपर जमी हुई थोड़ी धूल हटा देती हूँ
और ख़ुश हो लूँगी कि
अब आईने पर धूल नज़र नहीं आएगी
अख़बार और पानी के संयुक्त समाधान से
झूठी ख़बरों की सच्चाई कुछ और दिन छिपी रह जाएगी।

बिकी हुई एक क़लम

बिकी हुई क़लम के दाम बहुत होते हैं
पर बिकी हुई क़लम के काम भी बहुत होते हैं
बिकी हुई क़लम को, कीचड़ को, कमल कहना पड़ता है
बिकी हुई क़लम को, क़ातिल को, सनम कहना पड़ता है
बिकी हुई क़लम को मौक़े पर ख़ामोश रहना होता है
और बेमौक़े 'सरकार की जय' कहना होता है।

बिकी हुई क़लम एक खूँटे से बँधी होती है
बिकी हुई क़लम की स्याही जमी होती है
बिकी हुई क़लम रोती नहीं, सिर्फ़ गाती है
बिकी हुई क़लम से सच की आवाज़ नहीं आती है
बिकी हुई क़लम शाहों के तख़्त नहीं हिला पाती है
बिकी हुई क़लम सिर्फ़ चरणपादुका बन जाती है
बिकी हुई क़लम से आँधियाँ नहीं उठती हैं
बिकी हुई क़लम से सिर्फ़ लार टपकती है
बिकी हुई क़लम एक वेश्या होती है
जो अनचाहे जिस्मों को हँसके अपने जिस्म पे सहती है।

बिकी हुई क़लम की कोख बंजर होती है
बिकी हुई क़लम अपनों ही की पीठ में घुसाया ख़ंजर होती है
बिकी हुई क़लम से लिखा इतिहास सिर्फ़
कालिख-पुता काग़ज़-भर होता है
बिकी हुई क़लम का काँधा सिर्फ़ अपने शब्दों का जनाज़ा ढोता है
बिकी हुई क़लम और जो चाहे बन जाती है
पर बिकी हुई क़लम, क़लम होने का हक़ अदा नहीं कर पाती है।

लाल बत्ती

सुनो सेठजी!
लाल बत्ती पर खड़ी मैं वही भिखारिन हूँ
जिसकी फैली हथेली पर तुम्हारी दयालुता
कुछ सिक्के या नोट थमा जाती है

और हे पुण्यात्मा!
एहसास है मुझे कि क्यों तुम्हारी हथेली
छिपकर मेरी हथेली को दबाती है
इस गुप्तदान की रसीद तुम्हें
गुप्त तरीक़े से ही चाहिए न
कुछ ऐसा ही उन पलों में
लपलपाती-सी लपटों सरीखी भूख
तुम्हारी आँखों में नज़र आती है
तुम साफ़-सुथरे, गाड़ी में बैठे साहब
क्या मेरे शरीर का मटमैलापन और गंदगी
उस समय तुम्हें नज़र नहीं आती है?

कैसे कर लेते हो तुम ये परीक्षण
कि मेरे पहने चिथड़ों से भी तुम्हारी नज़र
मेरे शरीर के ओर-छोर को बींध जाती है
मेरे स्तनों में दिखते हैं तुम्हें
भींचने-झिंझोड़ने-भर को दो मांस के लोथड़े
क्यों उनमें तुम्हें मेरे बच्चे की
भूख नज़र नहीं आती है?

मैं भिखारिन तुम्हारे शहर की समृद्धि-वैभव पर
एक अवांछित कलंक सरीखी हूँ
फिर भी मेरी जाँघों-बीच गिरने को
तुम्हारी घिनौनी तृष्णा कितना छटपटाती है
इस लालबत्ती पर मेरी स्थिति तो
सिर्फ़ मेरी भूख से बिलबिलाती है
और नहीं कर पाते कोई प्रतिकार मेरे हाथ
विवशताओं से दबी हथेली बस सलाम बजा लाती है
मगर मेरी ख़ामोश मजबूरी को
बिन कहे समझ जाती है ये लालबत्ती
और तुरंत हरी होकर
तुम्हें आगे भाग लेने को उँगली दिखाती है।

ओ गाड़ीवाले सेठजी!
आगे फूट लेने से पहले सुनिए
मेरी चिथड़ों से ढकने की कोशिश में लिपटी

फिर भी अधनंगी-सी होती ये देह
अटल-निष्पाप खड़ी है
और परिस्थितियों से उपजी विवशता में
लिपटी मेरी धवल आत्मा
तुम्हारी नंगी-स्याह सफ़ेदपोशी से बहुत बड़ी है।

भविष्य की मौत

ये जो दहक रही हैं चिताएँ
यहाँ से वहाँ तक–वहाँ से यहाँ तक
देखते हैं ये वक़्त
ले जाएगा हमको कहाँ तक।

मांस का लोथड़ा-भर है अभी
मुँह में ज़बान
कुछ न कहने का जारी किया है
आक़ा ने फ़रमान
कटी ज़बानों से भी
कुछ लोग बड़बड़ा रहे हैं
लहू से रँगी हत्यारी कटारों की
खिल्ली उड़ा रहे हैं।

देखते रहो अभी ख़ामोशी से कि आक़ा के हाथी के पाँव तले
ये सब के सब कुचल दिए जाएँगे
पर ज़िद ऐसी है कि सिर फिर भी नहीं झुकाएँगे।

उधेड़ दो खाल इनकी हंटरों से चाहे उखाड़ लो इनके नाख़ुन
सड़ा दो यूँ इनकी लाशों को
कि उनसे आए बदबू
पर अजीब है नौजवाँ क़ौम
अजीब हैं नस्लें
कटे हाथों से भी उगा रहे हैं
खेतों में उम्मीद की फसलें।

लाशों पे रख के कुर्सी
आज बैठा है जो आक़ा
डाल रहा है जो
मुल्क़ के हर घर में डाका।

कितने घर–कितनी बस्तियाँ
ये अभी और जलाएँगे
आख़िर तो जाके उनके पाँव
ख़ुद बहाए लहू के कीचड़ में ही धँस जाएँगे।

काँपेगी इनकी भी रूह कभी
मौत का डर इनके सिर पर भी मँडराएगा
तब इनके लहू से सूरज धोकर ही
ये आज का कुचला वर्ग नया सवेरा लाएगा।

तब तक सर्द पड़ा है जिनका लहू
उसे पिघलने दो, जलने दो ये चिताएँ अभी
यहाँ से वहाँ तक
वहाँ से यहाँ तक जलने दो।

ग़द्दार कुत्ते

आवारा कुत्ते ख़तरनाक बहुत होते हैं
पालतू कुत्ते के दाँत नहीं होते हैं
दुम होती है
दुम भी टाँगों के बीच दबी होती है
दरअस्ल, पालतू कुत्ते की धुरी ही दुम होती है।

वे आक़ा के सामने दुम हिलाते हैं
और उसी हिलती दुम की रोटी खाते हैं
आवारा कुत्ते दुम हिलाना नहीं
सिर्फ़ गुर्राना जानते हैं।

जब उनमें भूख जागती है
वो भूख अपना हक़ माँगती है
उनकी हर भूख का निवाला सिर्फ़ रोटी नहीं होती है
वो निवाला घर होता है

खेत होता है, छप्पर होता है
उस भूख की तृप्ति कुचला नहीं
अपना उठा हुआ सिर होता है।

हक़ की ये आवाज़ें
उन्हें आवारा घोषित करवा देती हैं
और ये घोषणा उन्हें ये सबक़ सिखा देती है
कि माँग के हक़ नहीं, सिर्फ़ भीख मिला करती है
इसलिए पालतू कुत्तों की दुम निरंतर हिला करती है।

उनका यही रूप व्यवस्था को भी भाता है
सो उन्हें हर वक़्त चुपड़ा निवाला
चाँदी के वर्क में लपेट
बिला नाग़ा मिल जाता है
बदले में व्यवस्था उनसे तलवे चटवाती है
और बीच-बीच में उन्हें भी सहलाती जाती है।

आवारा कुत्ते उन्हें डराते हैं
वे पट्टे भी नहीं बँधवाते हैं
इसलिए चल रही हैं कोशिशें तमाम
कि इन कुत्तों को ग़द्दार और आवारा घोषित कर दो
और इनके सारे जिस्म में गोलियाँ भर दो।

अपनी सत्ता वे ऐसे ही बचा पाएँगे
चुपड़े निवालों के लालच में
हर उठती आवाज़ को पट्टा पहनाएँगे
हक़ के लिए उठती हर आवाज़ का
घोंट देंगे गला
और पालतू कुत्तों की देकर मिसाल
सबसे तलवे ही चटवाना चाहेंगे।

सिर्फ़ पालतू कुत्ते ही मिसाल होंगे वफ़ादारी की
आवारा कुत्ते सज़ा पाएँगे थोपी हुई ग़द्दारी की
ज़माना इन्हें नहीं अपनाएगा
पर इनके नाम से ज़रूर थरथराएगा।

हो जाओ सावधान!
सत्ता और व्यवस्था के ठेकेदारो
कि जब ये आवारा कुत्ते अपने जबड़ों से
लार नहीं, लहू टपकाएँगे
तब ओ सत्ताधीशो, वे तुम्हारी सत्ता की
नींव हिला जाएँगे
और इस नींव की हर ईंट चबा जाएँगे।

आवारा के तमग़े को सजा लेंगे शीष पर ताज की तरह
लेकिन पालतू कभी नहीं कहलाएँगे।

बिकाऊ तिरंगे

ख़रीद लो!
ख़रीद लो कि बिक रहे हैं तिरंगे चौराहों पर
कुछ मासूमों के काले-गंदे-खुरदुरे हाथों में
शायद उन तिरंगों से तुम्हें
अपनी गाड़ी, घर या दफ़्तर सजाना हो
शायद बिके तिरंगों की क़ीमत से उन्हें
उस दिन अपने घर का चूल्हा जलाना हो।

ख़रीद लो तिरंगे!
कि तिरंगे बेचनेवालों में शायद
कई ऐसे हाथ भी शामिल हों
जो व्यवस्था से लड़कर आगे तो आए
मगर इस व्यवस्था की व्यवस्था से
ख़ुद को ही बचा नहीं पाए।

बारहा इन जैसों की क़ामयाबी पर तो
सीना ठोंककर हिंद भी नाज़ करता है
मगर सड़क किनारे जनमते और मरते
इन बदनसीबों को अक्सर कफ़न तक नहीं मिलता है
इसीलिए ख़रीद लो तिरंगे इनसे
कि तुम इन्हें तो क्या बचा पाओगे
इनका मुक़द्दर तो क्या बदल पाओगे
बस इनकी एक सर्द शाम को भूखा रहने से बचा लो
क़ीमत चुका दो आज इन तिरंगों की और
गंदे-खुरदुरे हाथों से ख़रीदे इन रेशमी तिरंगों को
शान से अपने आसमान में फहरा लो।

एक औरत, दूसरी औरत

ओ शहरी औरत!
तुम मुझे हैरानी से क्यों देख रही हो?
हाँ
मैंने भँवें नहीं नुचवाई हैं
वैक्स भी नहीं कराई है
मेरे चेहरे पर ब्लीच की दमक नहीं है
फ़ेशियल की चमक भी नहीं है
फिर भी स्त्री तो मैं भी हूँ
आज की स्त्री।

तुम मुझे हैरानी से देख रही हो
देहाती-गँवार समझ
मैं मज़बूत हूँ तुमसे कई गुना
क्योंकि मैं झेल सकती हूँ धूप की तपिश
बिना सनस्क्रीन के
और मैं करियाऊँगी भी नहीं
लाल-ताँबई रंगों की धमक उठेगी मुझसे।

मैं ईंट-गारा ढोती या खेतों में फसल बोती
मिलूँगी इसी ज़मीन पर कहीं तुम्हें या कहीं पीठ पर बच्चा और
सिर पर गट्ठा ढोते पाओगी तुम मुझे।

मैं मज़बूत हूँ तुमसे कई गुना
क्योंकि मैं रात-बिरात भी
निकल पड़ती हूँ अकेले
बिना आदमख़ोरों या मादाख़ोरों के डर के
मुझे मर्दों से डर नहीं लगता है
मेरा काँधा रोज़ उनके काँधों से भिड़ता है।

मैं लो वेस्ट, स्लीवलैस या बैकलैस तो नहीं जानती
पर शहरों में भी मैं तुम्हें
किसी उठती इमारत की बुनियाद तले
धोती या लहँगा लापरवाही से खोंसे दिख जाऊँगी
आओ जंगल-बियाबान में तो
अपने आँचल को ही चोली-सा लपेटे दिख जाऊँगी।

मैं तुम्हारी तरह शिक्षा-सभ्यता के संकोच से
इंच-भर नहीं मुस्कुराऊँगी
मारूँगी पुट्ठे पर हाथ
और ज़ोर-से ठट्ठा लगा खिलखिलाऊँगी।

हैरान हो तो हो जाओ मुझे देख
क्योंकि जिस वक़्त तुम अपने सवालों की तलाश में अपने
अस्तित्व को खँगालती किसी शहरी सभ्यता में भटक जाओगी
मुझ अनपढ़-देहाती-बनवासी की बेबाक दुनिया में ही
आज की औरत की सच्ची परिभाषा गढ़ी हुई पाओगी।

अबॉर्शन

अभी तो तुम्हारे आने का
आभास-भर हुआ था
अभी तो मेरी कोख को तुमने
छुआ-भर था
कि सब जान गए
तुम्हारे वजूद की आहट
पहचान गए।

नहीं! तुम्हारा वजूद
नहीं है क़बूल
लड़कियों का जन्म तो होता ही है
पिछले कर्मों या सेक्स की भूल।

ये भूल इस परिवार में
कोई नहीं अपनाएगा
कल मुझे अस्पताल
ले जाया जाएगा

और मेरी जाग्रति को
एनेस्थीसिया सुँघाया जाएगा।

मैं भी नहीं करूँगी प्रतिकार अनसुनी ही कर दूँगी तुम्हारी
अपने गर्भ के गहन अंधकार से आती मौन पुकार।

डॉक्टर डालेगी मेरी योनि में जो लोहे के औज़ार
उनके स्पर्श से तुम मेरी कोख में ही कहीं
घबराकर सिमटना चाहोगी
शायद किसी अनचीन्ही आवाज़ में
मुझे चीत्कार के 'माँ' कहकर बुलाओगी
पर अपने नन्हे-नरम-नाज़ुक
हाथ, पाँव, गर्दन और सीने को
उन औज़ारों की काट-छाँट से
बचा नहीं पाओगी
क्योंकि लेने लगे हैं वे आकार।

ओ कन्या!
इस दुनिया में आज भी
तुम नहीं हो स्वीकार
तुम्हारे वजूद के टुकड़ों को
क्लीनिक की नालियों में बहा आऊँगी
और इस तरह मैं भी
लड़की जनने के संकट से छुटकारा पा जाऊँगी वरना इस दुनिया
में मैं तुम्हें हर क़दम पर
किस-किससे बचाऊँगी?

अगर बचा सकी किसी तरह आज अपना ही वजूद
तभी तो क्रांति लाऊँगी
मिट जाएगी मेरी पीढ़ी शायद
करते-करते प्रयास
तब जाकर कहीं मैं इस दुनिया को
तुम्हारे लायक़ कर पाऊँगी
पर अभी तो ओ बिटिया मेरी!
तुम्हें मैं न आने दूँगी इस दुनिया में
और अभी मैं तुम्हें जन्म नहीं दे पाऊँगी।
जन्म नहीं दे पाऊँगी
जन्म नहीं दे पाऊँगी।

वफ़ाओं के कुचले सिले

कुचली हुई सिगरेट का भी एहसास जुदा होता है
लबों से क़दमों तक का सफ़र बदा होता है।

लोग महँगी क़ीमत चुका
अदा से उँगलियों में थाम लेते हैं
फ़िक्र के लम्हों को धुएँ में उड़ा देते हैं
शान से चूमते हैं सुलगते जिस्म को
सारी मुहब्बत आँखों से जता देते हैं
फिर हर कश उन्हें कायनात लगता है
धुएँ का हर छल्ला जज़्बों का बयाँ लगता है।

आख़िरी कश तक चिंगारी को हवा देते हैं
यही है ज़िंदगी, यही बात बारहा कहते हैं
आख़िरी कश इस मुहब्बत की मौत होता है
शौक़ को शोक में तब्दील होना होता है

फिर फेंक उसे क़दमों तले कुचल देते हैं
लोग मुहब्बत की वफ़ाओं का ऐसे सिला देते हैं।

होंठ से क़दमों तलक का सफ़र ये बताता है
इंसान चंद कश का ही मेहमाँ बनाया जाता है
आज तुम किसी होंठों तले हो तो ग़ुरूर मत करना
कौन जाने वक़्त किस करवट बदल जाता है।

अपराजिता

मैं देखना चाहती हूँ :
कि कैसे चढ़ते-खिलते चाँद की बढ़त
कर देती है समंदर की लहरों को भी
ऊँचा—बहुत ऊँचा उठ हदें तोड़ने को प्रेरित।

मैं देखना चाहती हूँ :
कि कैसे सूरज पूरा ग्रहण झेलकर भी
पोंछ लेता है अपना चेहरा
और फिर से कर सकता है अपने सामने
हर रौशनी को सीमित।

मैं देखना चाहती हूँ :
कि कैसे खारेपन का ताना झेलकर भी
समंदर कर लेता है अपना दिल दरिया
और भर देता है झोलियों में मोती-सींपी।

मैं देखना चाहती हूँ :
कि कैसे गर्म तारकोल और पत्थरों से
हदें पाट दिए जाने पर भी
सड़क किनारे कोई पौधा फिर से उठा लेता है सिर।

मैं देखना चाहती हूँ :
कि कैसे नितांत अकेलापन सहकर भी
शिखर तने-खड़े रहते हैं
अपनी ही प्रतिध्वनि की गूँज
अपनी ही घाटियों में लौटती पाकर भी
रहते हैं अटल, नहीं होते अधीर।

मैं देखना चाहती हूँ :
कि कैसे पत्तियाँ सूखकर-बिखरकर भी
कूड़ा क़रार दे दिए जाने पर भी
जानती हैं खाद में बदल जाने की क़ाबिलियत।

मैं देखना चाहती हूँ :
कि जिस तरह मैं चारों तरफ़ से घिरी हूँ
अपराजिता प्रकृति से
क्या कहीं मुझमें भी हैं
वैसे लक्षण, वैसे ही चिह्न।

परदेस की साथी के नाम

ओ चिड़िया! मेरे छज्जे आ
पानी पी और दाना खा
मुझसे छूटा हुआ बसेरा
तू ही मेरे संग बस जा।

तेरे पंख आकाश तौलते
मेरे पंखों का बाक़ी मोल
तू नित लौटे अपने बसेरे
मेरा घर विचलित, डाँवाडोल।

चिड़िया! तूने देखी दुनिया
मेरी भी कुछ समझ बढ़ा
उड़-उड़कर फिर कैसे हैं लौटते
मुझको भी ये हुनर सिखा।

सब है जगत अपने में मगन
तू ही मेरे संग बतिया
ओ चिड़िया! मेरे छज्जे आ
पानी पी और दाना खा...!

सम

मुझे इनकार है—हर उस सूरज के साथ से
जहाँ मैं सूरजमुखी बनी उसे निहारना ही अपना फ़र्ज़ पाऊँ
बदलती रहूँ अपनी दिशाएँ, उसकी दिशाओं के मुताबिक़
न समझूँ, न जानूँ, न अपनी दिशाएँ पहचान पाऊँ।

मुझे इनकार है—हर उस चाँद के साथ से
जिसकी ठंडक की क़ीमत मैं ठहरी झील बन चुकाऊँ
भले ही सुलगा हो तन भी, मन भी पर
ठहरकर मैं क्यों आईना बन चाँद का
खुद में उठते भँवर के बीच, उसे निहारने तक सिमट जाऊँ।

मुझे इनकार है—मौसमी बरसाती रात से
हर झुलसता दिन मेरे हिस्से आए
और बादल तब बरसे, जब उसका जी चाहे

मैं अपने गुबार को ही ओढ़ लूँगी, बिछा लूँगी
बूँदें बारिश की हों या ठंडक चाँद की
जब मैं चाहूँगी, तभी कपाट खोल उन्हें भीतर आने दूँगी।

मेरी सलवटों को तुम भी तब ही तो मिटा पाओगे
जब मैं तुममें समाऊँगी, तुम मुझमें समाओगे
एक पहल से नहीं पूरी होती कोई पूर्ति
ये जिस्म भी पूरा तब होगा
जब आधा मैं अपने को, आधा तुम अपने को मिटाओगे
फिर क्यों हर कहानी में तुम रहो पूरे, मैं अधूरी
बिना मेरे अधूरेपन को भरे तुम भी
अधूरी कहानी ही बन जाओगे।

जंगली

सिर्फ़ ज़िंदगियाँ ही जंगलों में रह गई हैं
जानवर तो अब सब शहरों में बस गए हैं
ख़ुद ही गढ़े थे इंसानों ने
इंसानी तहज़ीब और सभ्यता के पैमाने जो
उसी झूठ के कीचड़
उसी झूठ की दलदल में सब धँस गए हैं।

सभ्यता के दावेदार हम इंसान
बन गए हैं इस दुनिया के सबसे बड़े दावेदार
कहते हैं जानवरों को जंगली
और करते हैं उन्हें बदनाम
पर जानवर तो लूट-मार नहीं करते
अपनी जेब भरने के नाम पर
वे किसी दूसरे को कँगाल नहीं करते
बलात्कार के नाम पर शरीरों की दरिंदगी से चीर-फाड़ नहीं करते।

उनमें हवस नहीं
सिर्फ़ क़ुदरत के जैसी एक क़ुदरती भूख होती है
जो ज़ेहन से जिस्म तक आती है
और जिस्म से गुज़रकर फिर
वापस जिस्म में ही कहीं ख़ामोशी से सो जाती है।

जानवर तो जंगलों में क़ुदरत के संग बसे हैं
और क़ुदरती रंगों में ही ढले हैं।

शहरों में आज जो साँस
हर साँस पर घुट जाती-सी लगती है
जंगलों की सरहद में दाख़िल होते ही
वही साँस हरी-भरी हो लौट आती-सी लगती है।

जंगल में सिर्फ़ पेट की भूख का क़ानून चलता है
पर एक की भूख से दूसरे का निवाला नहीं छिनता है।

जंगल में आसमान ही होता है आशियाना सबका
नहीं मारता कोई, किसी और के घोंसले पर झपट्टा
जंगली होना गाली नहीं होता है
ये वर्ग तो शहरी ग़लतियों का बोझ ढोता है।

जंगलों की जड़ें ज़मीन में गहरे उतर जाती हैं
शहरों की तो हर बारिश में रंगत बदल जाती है

जंगलों में ज़िंदगी, ज़िंदगी का नाम है
शहरों में चलते-फिरते जिस्म कितने बेजान हैं।

हम इंसान ज़िंदगी-भर
अपने जीने की वजह ही नहीं ढूँढ़ पाते हैं
हर क़दम पर अपने ग़ैरज़रूरी बनते वजूद से
जूझते नज़र आते हैं
या फिर ख़ुद के ज़िंदा रहने की शर्त के तौर पर
दूसरे इंसान की मौत की वजह बन जाते हैं।

इंसानी काँधों को सिर्फ़ जनाज़े ढोने का ढंग याद रहा
एक-दूसरे का हाथ थामने का हुनर तो जैसे
हर इंसान भूल ही गया।

हम इंसानों ने दुनिया के हर कोने में आग लगा दी है
हम इंसानों ने इंसानियत और मुहब्बत की
हर बारिश सुखा दी है।
हम इंसान इंसानियत के गुनाहगार हैं
हरगिज़ नहीं इंसान कहलाने के हक़दार हैं।

क्या मिला इंसानों को इंसान होने में
हर काँधा लगा है ख़ुद अपना सलीब ढोने में।

अगर यही सभ्यता है तो जंगली रहने में ही भलाई है
इसलिए मेरे दिल ने यही उम्मीद जगाई है।

काश कि तोड़ दें हम झूठे मुखौटे सब
काश कि देख सकें हम इंसान, इंसानों में ही रब
काश कि हम हर सरहद से हर सरहद को मिटा दें
काश कि हम एक दूजे के सारे हक़ लौटा दें
काश कि फाड़ दें हम सभ्यता पर लिखी हर किताब
काश कि हम शहरों में लागू होने दें जंगलराज-सा हिसाब
काश कि हम फिर से जंगली हवाओं को शहरों में आने दें
काश कि हम इंसान ख़ुद को फिर से जंगली
और शहर को जंगल बन जाने दें।

शायद तब इंसान फिर से जो शहर बसाएगा
उसमें पुरानी ग़लतियाँ और गुनाह नहीं दोहराएगा
आइए तब तक ख़ुद को असभ्य ही रह जाने दें
अपने भीतर उतार लें जंगल
और ख़ुद को जंगली ही बन जाने दें।

मेरे पिता

मैंने सुना है कि सुबह होने पर जो कहीं चले जाते हैं
शाम होने पर वे पिता लौट आते हैं
कई पिताओं को देखा है उँगली पकड़कर रास्ता पार कराते हैं
या स्कूल के गेट तक छोड़ आते हैं
कई पिताओं को बनाते देखा है बेटियों की टेढ़ी-मेढ़ी चोटियाँ
कई पिता नन्ही हथेलियों को मेहँदी से सजाते हैं
कुछ पिता किचेन में कभी लज़ीज़, कभी अधपका पकाकर भी
बेटियों को खिलाते हैं
चेहरे बना-बनाकर सुनाते हैं कहानियाँ रातों को कई पिता
और कई पिता आधी रातों को
नींद में डूबी बेटियों की चादर ठीक कर आते हैं।

हज़ारों पिता देखे हैं बेटी की डोलियों को काँधा देते
नज़रों के सामने हमेशा हाज़िर रहते
सिर्फ़ अपने पिता को ही पाया है मैंने बस
ज़िंदगी के साथ नहीं, ज़िंदगी के बाद भी साथ देते।

मेरे पिता मेरी यादों में बसे हैं
मेरी ज़िंदगी की नींव में गहरे तक धँसे हैं
वे नहीं लौटेंगे किसी भी शाम को
मेरी ज़िंदगी की शाम ढल जाने तक भी
पर मेरे पिता सुबह-शाम के फ़र्क़ से परे
मेरी ज़िंदगी के हर अँधेरे का उजाला हैं।

वे मेरी उँगली थामकर रास्ता भी पार नहीं कराएँगे
और किसी स्कूल के गेट पर मुझे छोड़कर भी नहीं आएँगे
पर जानती हूँ बहुत अच्छे से कि
हर बार भटककर भी रास्ते पर आने का रास्ता
मेरे पिता ही मुझे बताएँगे
शब्दों में नहीं देंगे कोई ज्ञान मुझे
ज़िंदगी के सबक़ देते वक़्त को ही उस्ताद मानकर
मुझे उसे सौंप आएँगे।

मेरे बाल काम में उलझे
अक्सर सँवर नहीं पाते हैं
पर अनदेखी उँगलियों से मेरे पिता
अक्सर मेरे बाल सँवार जाते हैं।

मुझे अब उनके पकाए बहुत-से ज़ायक़े याद नहीं
पर नमक का क़र्ज़ चुकाना
और ज़बान को मीठा बनाना
ये मेरे पिता की सिखाई हुईं रैसिपी ही हैं।

चेहरे बनाते पिता तो याद नहीं हैं
पर यादों में पिता का चेहरा बार-बार
बनता-उभरता-सँवरता है
इसलिए नींद में डूबकर भी
चादरें सँवारे रखने का सलीक़ा याद रहता है।

मेरे पिता मेरी डोली को काँधा नहीं दे पाए
पर अपना ही नहीं अपनों की ज़िम्मेदारी को काँधा देने के सबक़
मेरे पिता ने ही हैं मुझे सिखाए।

मैं जानती हूँ कि मेरे पिता वहाँ हैं
जहाँ से कोई आता नहीं है
पर सच कहूँ तो वहाँ पहुँचा कोई पिता
कभी अपनी बेटियों से दूर जाता ही नहीं है।

प्रतीक्षारत पाषाण-शिलाएँ

बड़ी ही विशाल हृदय रही होंगी यशोधरा
जो अपने जीवन को शून्य करके जाने वाले जोगी के
अक्षय-पात्र को भी रिक्त नहीं रहने दिया
और सौंप दिया अंतिम दान बनाकर साझे अंश को
जिसे पहले सँभालनी थी सत्ता
पर सँभालना पड़ा आध्यात्मिक विरासत के अंश को।

संसार को ज्ञान देने वाले कितने ही ज्ञानी
एक स्त्री के मन को समझ पाने में रहे हमेशा अज्ञानी
उनके सामने हमेशा एक बड़ा लक्ष्य रहा
संसार में उजास भरने का
इसीलिए नहीं रहा कभी कोई संकोच
किसी एक के घर-संसार को अँधियारा करने का।

अर्द्धांगिनी कही जानेवालियाँ तो
क्या ही अधिकार पाती हैं
प्रेयसी बन इठलानेवालियाँ भी सिर्फ़
बपौती बन बेबस रह जाती हैं।

तुम्हारे सुख की कामना पर जो भोग-विलास बन जाए
और सुख से उकता जब तुम चलो ज्ञान-दीप जलाने
तो कर दे त्याग सर्वस्व का
और पथ का प्रकाश बन जाए।

स्वयंवर की माला थमाकर भी हरने वाला समाज
क्या सचमुच देता है स्त्री को कोई अधिकार?

स्त्री जब चाहती है अपना जीवन जीना
तुम उसे अपनी जीवनसंगी बना लाते हो
और जब वो चाहती है संग-साथ में ही रम जाना
तुम उसे ज्ञान और त्याग का महत्त्व बताते हो।

क्या हो अगर उसे नहीं बनना संसार का सूरज
सिर्फ़ चाहती हो अपने घर के आँगन में खिल जाना?
क्या हो अगर वो चाहे अपने घर में ही बसना
न कि संसार को अपना घर बनाना?

और अगर कभी न चाहे अपने अलावा किसी को भी
तो क्यों अनिवार्य सिद्ध कर देते हो उसके जीवन को
औरों के जीवन की सार्थकता बन जाना?

स्त्री की अग्निपरीक्षा की लपटें कभी ठंडी ही नहीं पड़तीं
चाहे रही हो सीता-उर्मिला या द्रौपदी-कुंती।

काया का मोह छुड़ाकर जो
राम की माया का मार्ग दिखाती है
वो स्त्री तक हमेशा
तुलसीदास के प्रश्नचिह्नों में घिरी रह जाती है।

वेणी सँभालते कैकेयी के हाथों ने युद्धभूमि में
वैसे ही सँभाल ली थी घोड़े और रथ की लगाम
लेकिन दो वचनों के दुरुपयोग का उसपर
आज तक क़ायम है इल्ज़ाम।

स्त्री के अपराधों को कर दे क्षमा!
ये समाज नहीं हुआ है अभी इतना महान।

अपनी ही बैठी डाली पर जो कर रहा था
कुल्हाड़ी का आघात
उस कालिदास का साहित्य भी तो करता रहा
मार्गदर्शक-प्रेरणास्रोत स्त्री-समुदाय को लेकर पक्षपात।

रावण का सोचा-समझा व्यभिचार भी
मंदोदरी का साथ पाता है
लेकिन अहिल्या का छल से हुआ अपराध भी
क्षमा नहीं, पथराई प्रतीक्षा दे जाता है।

हर युग, हर युगद्दष्टा
स्त्रियों से कोमलता और त्याग ही चाहता रहा
लेकिन प्रतीक्षारत ही रहीं अनेक पाषाण-शिलाएँ
क्योंकि स्त्री को त्याग के नाम पर
बनवास का मार्ग दिखाता समाज
ख़ुद ही उसके जन्म, उसके अस्तित्व
उसकी सार्थकता और उसकी मुक्ति के रास्ते का
पत्थर बन जाता रहा।

अंडा करी और आस्था

आज वर्जित वार है
मैंने दिन में अंडा करी खाई थी
और शाम को दिल चाहा
इसलिए अपने घर के मंदिर में
बिना दोबारा नहाए ही जोत भी जलाई थी।

मैंने तुलसी के चौबारे पर भी रख दिया था एक दीया
और प्रेम-श्रद्धा-भरी नज़रों से
जोत की जलती लौ को देखते
उस पल के पल-पल को भरपूर जिया।

मुझे नहीं मालूम कि ईश्वर को
मेरी ये श्रद्धा स्वीकार है
या उसे मेरे अंडा करी खाने
और फिर बिन नहाए जोत जलाने पर
कोई ग़ुस्सा या एतिराज़ है।

मुझे मालूम है कि धर्म के नाम पर
दुनिया में अधर्म है भरपूर
और मेरी दुनिया रहती है उसके नशे में चूर
मगर ईश्वर क्या सोचता है इस बारे में?

मैं औरत हूँ, ये क्या कम आफ़त है!
उसपर मेरे सवाल जानबूझकर बुलाई शामत हैं
पर तुम्हें बताती हूँ
कि मैं कैसे दीन और दुनिया को मिलाती हूँ।

मैं जानती हूँ कि देवियाँ कामाख्या के रूप में
रजस्वला होने पर भी पूजी जाती हैं
वैष्णवी भी है रूप उन्हीं का
पर वे कालिका के रूप में बलि भी चढ़वाती हैं
और जैसा जो कोई कह देता है धरती पर वैसे ही
वे कई रूपों-नियम-क़ायदों की भरमार से घिर जाती हैं।

पर ये दिल कुछ और कहता है
ये दुनिया कुछ और कहती है
इसी के पेंडुलम में
मेरी आस्था भी हिलती-डुलती रहती है।

फिर भी मैं नहीं जानती ये बात
कि कौन-सी बात मेरे और ईश्वर के बीच आती है
कौन-सी वजह को दुनिया मेरे और ईश्वर के बीच की दूरी बताती है।

मैं दावे से कहती हूँ कि मैंने ईश्वर को देखा है
वो चिड़ियाघर में बंद चीते-सा भी चीख़ता है
खूँटे से बँधे लाचार कुत्ते-सा भी रस्सी खींचता है
वो केंचुए-सा भी घिसटता है मेरे सामने ही कहीं
और तितली के पंखों के खिले रंगों में भी
कहीं धनक बिखेरता है।

वो मंदिरों के भीतर पूजा जाता भी है
अपने सामने चढ़ावे चढ़वाता भी है
और फिर उसी मंदिर के बाहर सीढ़ियों पर
किसी भिखारी के रूप में
दो रोटी को गिड़गिड़ाता भी है।

वो बच्चों के रूप में कभी शोर मचाता है
तो कभी किसी शराबी की औरत-सा बेबस पीटा जाता है।

बाक़ी बहुत ज़्यादा बातें तो मैं जानती नहीं
पर जो समझ पाती हूँ वो और है
और जो समझाई जाती हूँ वो और है
मेरा ईश्वर तो मेरी आस्था में भी प्रकाश भरता है
पर हक़ीक़त में वो
कीड़े-मकोड़ों, जानवरों के ज़्यादा क़रीब लगता है।

मेरा इंसान होना ही
मेरे और मेरे ईश्वर के बीच अड़ंगा बनता है
और वो हर वक़्त
धर्म-जाति-संप्रदाय और ऊँच-नीच के ख़ानों में बँटता है।

चौरासी लाख योनियों का विजेता होने पर भी
मुझे हमेशा आदर्श कथाओं के ज़रिये
यही बताया जाता है कि
ईश्वर से इंसान का डरना ज़रूरी है
ईश्वर हमारे सवालों से
रूठता-कुढ़ता, खार खाता, प्रकोपित है होता
और चरणवंदना-स्तुति व चढ़ावे से है पिघलता
अपनी रचना होने की वजह से ईश्वर को है मुझसे प्यार
फिर भी मेरी की हुई कोई भी आलोचना या सवाल
नहीं होंगे ईश्वर को स्वीकार
ऐसा ही कुछ ये समाज मुझे
अपनी कथाओं के इतिहास से बताता है।

इसे धर्म के नाम पर छलावा भी चाहिए
और वरदान पाने को व्रत-उपवासों का बहाना भी चाहिए
लेकिन मेरी आस्था को आडंबर का झुनझुना मत पकड़ाइए
और मेरे मन में चल रहे सवालों को पहले पार लगाइए।

मेरी ग्रह-दशा ठीक करने वाले ईश्वर को
शायद अपनी सुरक्षा की भी है दरकार
इसीलिए उसके मंदिरों के लिए
जगह तय करती है मेरी सरकार
वही तय करती है कि किस ईश्वर को देनी है कौन-सी उपाधि
किस जगह वो जन्म लेगा और कहाँ लेगा जलसमाधि।

वो मेरे ही वोट से चुने नेताओं सरीखा
मेरे ही कंधों पर रखकर कुर्सी अपने लिए चंदा जुटवाएगा
फिर पुजारी के बंद कर दिए गए कपाटों
और उनपर जड़ दिए गए मोटे तालों के बीच
पंडों की ज़ेड प्लस सिक्योरिटी में मुझी से दूर बना
अपनी शुचिता भी बचाएगा!!!

बनिस्बत इसके
कि मेरे लिए मेरा ईश्वर
सिर्फ़ मंदिरों-मूर्तियों-कर्मकांडों में नहीं
मेरी साँसों में मेरे साथ बसता-धड़कता है
वो रोज़ झेलता है मेरे साथ ही
मेरी मनसा-वाचा-कर्मणा की गंदगियाँ
और रोज़ मेरे साथ ही धुलता है।

अगर खुली आँखों से
अपने ईश्वर को कहीं किसी और नाम
किसी और रूप में देखना चाहूँ उसे
तो उसके नाम पर तो बहुत कुछ दिखता है
बस वही नहीं कहीं मिलता है।

उसका एक रूप मुझे तब भी दिखाया जाता है
जब कर्म की नीयत को सबसे ऊपर बताया जाता है
लेकिन जब चार रकात नमाज़ को
मेरी आस्था-भरी बँधी नीयत से बढ़कर
मेरी नापाकी में उसकी नज़दीकी होना कुफ़्र बतलाया जाता है

मेरे सूखे गले की रोज़ादार प्यास से बढ़कर
उसे मेरे शरीर की ये दशा घिनवाती है
और मेरे जिस्म और आस्था के बीच
यही बात दरार बन जाती है।

मैं औरों की नहीं
सिर्फ़ अपनी ही बात करती हूँ
जहाँ भी देखती हूँ
हर धर्म की कार्पेट के नीचे फैले हैं
पाखंड के कबाड़ बहुत
इनसे घिरे ईश्वर के पास
उसके रखवालों की है आड़ बहुत।

अंडा करी ही नहीं, मैं मांस तक खाकर भी
पैदा कर सकती हूँ यीशू सरीखा ईश्वर का बेटा
पर हाय रे दस्तूर ज़माने का
ये निज़ाम है कैसा
कि अपनी ही क़ुदरत, अपनी ही संरचना के ख़िलाफ़
ईश्वर का बेटा भी
किसी पवित्र प्रेम भरी नज़दीकी से नहीं गढ़ता है
बल्कि किसी वर्जिन मैरी की ही गोद में पलता है।

अगर ये सारे सवाल मैं ज़माने से करूँगी
तो जवाबों में आते पत्थर भी मैं ही अपने माथे पे सहूँगी
बेशक मेरे पास हैं सवाल बहुत
पर उसके सही-सुलझे जवाबों का है अकाल बहुत।

तुम कहो कुल्टा मुझे या तुम कहो पाखंडी—
परवाह नहीं
मैं तो अपने कर्म और मर्म के संतुलन को ही
अपना धर्म बनाऊँगी
श्रद्धा, प्यार, सवाल और जवाबों के इंतिज़ार के बीच
मैं ईश्वर की आँख से आँख मिलाऊँगी
और बार-बार अंडा करी खाकर भी किसी वर्जित वार को ही
बिन दोबारा नहाए मैं अपने ईश्वर के नाम पर
सिर्फ़ अपने ज़मीर की आवाज़ पर
यूँ ही दीया जलाऊँगी।

नहीं आने दूँगी मैं अंडा करी को
अपनी आस्था के रास्ते में
और जब भी जोत जलाऊँगी
उसमें अपनी आस्था का उजाला ही फैलाऊँगी।

मृगतृष्णा का नकार

समंदर के ठीक सामने होकर भी
समंदर से बहुत दूर हूँ
ये दूरी बनाए हुए हूँ ख़ुद मैं
न बेबस, न मजबूर हूँ।

दूर से बाँहें फैलाए ये समंदर
न जाने कितनी नदियों को लुभाता है
देकर अनंत परिपूर्णता की दिलासा
अपने में समा जाने को बुलाता है
दिखाता है लालच मोतियों की निधि का
और सारी नदियों की मिठास सोख
खारेपन का छला हुआ स्वाद छोड़ जाता है।

बेहतर समझती हूँ मैं इस विशालता से
कि सीमित पानी का झरना ही रह जाऊँ
लेकिन अपनी असीमित मिठास की एक-एक बूँद
हर सूखे गले की प्यास के नाम कर जाऊँ।

विशालता की खोज में
न जाने कितने ही झरने नदियाँ बन
समंदर की ओर खिंचे चले आते हैं
समंदर के सामने आने की क़ीमत
अपने अस्तित्व को बौना मानने से चुकाते हैं।

समंदर की विशालता को करती हूँ नमस्कार
लेकिन अपने लिए बौनापन नहीं है स्वीकार।

मेरी सतह में कोई रत्न-मोतियों का ख़ज़ाना तो नहीं
पर किसी की प्यास को अपने किनारे
तड़पाना मुझे भाता नहीं।

मौसम के सूखेपन की मार ही नहीं
मेरा स्रोत तो तेज़ धूप भी सुखा सकती है
लेकिन मेरे स्रोत की अंतिम बूँद तक
किसी गले में तृप्ति का संतोष जगा सकती है।

तृप्ति के इसी संतोष से
जब किसी की आँख छलछलाएगी,
मेरे स्रोत की सीमितता उसी पल
असीमित आशीर्वाद बन जाएगी।

न हो समंदर के रत्नों की ढेर सी
लेकिन मेरे स्वतंत्र अस्तित्व की
मिठास-भरी सार्थकता
कई तृप्त आँखों में मोती बन झिलमिलाएगी।

मृगतृष्णाओं, छलों का बल नहीं
मेरी बूँद-भर अस्मिता
मिठास भरी सच्चाई का दमखम पाएगी
समंदर तक जाकर भी जिसने खारापन नहीं स्वीकारा
भले मिल जाए धूल में
लेकिन मेरी बूँद मीठी ही कहलाएगी
मीठी ही कहलाएगी।

न किए गए प्रेम की गाथा

उधार में मिली प्रेम कहानियों को
मैंने कभी नहीं अपना माना
जो सच मैंने जिया
सिर्फ़ उसी को सच जाना।

मुझे कभी नहीं आया
किसी को अपनी तरफ़ देखता पाकर निगाहों को झुकाना
लेकिन न जाने क्या रंग होता था तुम्हारी आँखों में
कि मामूली बातों पर भी मुश्किल हो जाता था
कितनी ही बार तुम्हारी तरफ़ देख पाना।

हमेशा आँखों में आँखें डालकर
मैंने कई सच कहे भी हैं, कई सच सुने भी हैं
कभी नहीं आया सकपकाना या अटपटा जाना
लेकिन निष्पाप आँखों का मौन भी एक भाषा होता है
जिसे पढ़कर आसान नहीं होता अनपढ़ बना रह पाना।

इन हाथों ने थामी है कमान
समय के बिगड़ैल घोड़ों तक की
न ये काँपे, न थरथराए
भार हो चाहे जितना, जैसा, जो भी।

फिर भी कुछ थमाते या थामते
अनजाने में छू गए हाथ जब भी तुम्हारे
नहीं था जिनमें कभी कोई प्रयास बलात छू जाने, छू लेने का
जाने क्यों काँपता रहा देर तक भीतर कुछ
जाने क्यों डोलती रही भीतर तक मैं भी।

पदचिह्नों पर चलना मुझे जूठन चखने जैसा लगता है
साफ़ बनी राहों में ही सबसे ज़्यादा कुछ गड़ता है
अपने हिस्से की पथरीली राहों पर चलने का
सुख ही कुछ और होता है।

जिन पैरों में लगाया नहीं कभी आलता
उन लहूलुहान पैरों के आगे
हर रंग फीका होता है
पर जब कभी तुम्हारे पैरों के बने हुए निशान पर
रखकर अपना पैर नापा है
न मंज़िल जुटाई हुई लगी, न सफ़र से हटी कोई बाधा है।

बराबरी पर चलते कंधे देखा है अक्सर टकराते हैं
पर तुम्हारे लंबे क़द के कंधे मेरे साथ चलते हुए
टकराते नहीं, हमजोली बन जाते थे

तुम्हारा ऊँचा क़द साथ और बराबरी से नहीं घबराता था
न मेरे नाम के पीछे से पहचान आने पर
तुम्हारा वजूद बौना या आहत हो जाता था।

समेटा हुआ नहीं, सहेजा हुआ पाया था
अपनी धार को तुम्हारे मौन प्रेम की म्यान में
लेकिन चाहे जितनी सुरक्षित हो या हो आरामदायक
म्यान में रहे, नहीं तलवार का काम ये।

प्रेम के रंग बड़े कच्चे होते हैं
छूते ही उँगलियों से चिपक जाते हैं
छुड़ाने की कोशिश में उँगलियाँ हो जाती हैं घायल
और छूट जाने पर बाक़ी सभी रंग बदरंग हो जाते हैं
इसीलिए नहीं लगा पाई प्रेम की चाशनी कभी होंठों पर
सिर्फ़ अनकही वफ़ादारी का खारापन ही जुटाया है
ख़ामोशी से जाने दिया तुम्हें तुम्हारी राह
और अपनी राह पर पल-भर को ठिठक गए पैरों को
फिर से पूरी मज़बूती से जमाया है
आज तुम्हारे नाम का चमकता सितारा मैंने सिर्फ़ यादों में
मन के अँधेरे-एकांत कोने में चमकाया है
तुम्हारे नाम का एक आँसू मैंने आज
समंदर पर नहीं, समंदर में गिराया है।

विशाल खारेपन को विशाल खारापन ही समेट सकता है
क्या जाने किस खारेपन ने किसको समेटा है
क्या जाने किस खारेपन ने किसको डुबाया है।

किरकिरी या बद्दुआ

कहा था किसी ने बड़े नाज़ से ज़माने के लिए
राह देखा करेगा सदियों तक, छोड़ जाएँगे जहाँ तन्हा
कितनी ख़ुशफ़हमियों में रहते हैं मुब्तिला हम जीते-जी
ज़माने ने भी करी है कभी किसी की परवाह?

जिस ज़माने ने न देखा जीते-जी पलटकर कभी
जिसने न की बेवजह कभी फ़िक्र, न राब्ता ख़्वाहमख़्वाह
उसे पड़ा है कब फ़र्क़ किसी के होने, न होने से कभी
इसी बेमुरव्वती से नहीं आता कोई जाने वाला लौटकर यहाँ।

इसे वफ़ाओं का न एहसास, न हुनर का एहतिराम रहा कभी
दफ़्न हैं इसकी ख़ाक़ में कितने हुनरमंद, कितने सूरमा
ज़माने हम भी तेरी ख़्वाहिश करें तो करें क्योंकर
जब थे तो न ली सुध तूने, अब नहीं हैं तो क्यों माँगे तेरी पनाह।

हमारी वफ़ाएँ तेरी ख़ातिर मजबूरी में भी नहीं बदली थीं
खो जाए तेरी भी अस्ल सूरत तारीख़ों में कहीं, है मेरी बद-दुआ...!

मेरे महबूब शहर के नाम

कल तुम होंगी हमारे शहर में
हमारे शहर से पयाम कहना
अगर कर सको तो चूमना उस ज़मीं को
हर ख़ास-ओ-आम को सलाम कहना।

कहना कि बहुत ठंडक है उसकी लू तलक में
यहाँ दहकती है चाँदनी रात तमाम कहना
कहना ये भी कि तिश्नगी है लबों पर भारी
लफ़्ज़ों में है ख़ुश्की, सूखी है ज़बान कहना।

आँखें पुरनम होंगी तुम्हारी भी, तो शायद धुँधला जाएँ
ख़ामोशी से चूमना जबीं और अदब से सलाम कहना
मेरे शहर! तू महबूब है मेरा, मुहब्बत है तुझसे
आख़िर में बस इतना पैग़ाम देना...!

ग़र्दिशे-दौराँ के नाम

ये दौर है कुछ अजीबो-ग़रीब
ये दौर है कुछ पेचीदा-सा
ना-उम्मीदी का भी नाम नहीं
उम्मीदों के निशाँ भी मिटे नहीं।

हँसने को न जी करता है
न ज़ख़्म कहीं कोई दिखता है
हम जीते-जीते हैं थकने लगे
पर ज़िंदगी की तलाश में ही भटकने लगे।

हम रोना भी नहीं चाहते हैं
पर मुस्कुराने की वजह माँगते हैं
अब आँसू भी नहीं आते हैं
पर लोगों को हम हँसाते हैं।

ये बड़ा घना है अँधियारा
लगता है किसी ने है पुकारा
पर दूर तलक भी कोई नहीं
न आह, न आवाज़, कोई भी नहीं।

कहने को कोई पराया नहीं
पर अपनों का भी साया नहीं
हम कहाँ से ढूँढ़ें राह नई
भटके क़दमों में है जान नहीं।

अब हम भी रुकना चाहते हैं
अब हम भी चाहते ठहरना हैं
ख़ामोशी ओढ़कर सोने से पहले
बस इतना ही और था कहना।

हम सहते-सहते चूक गए
अब और नहीं कुछ भी सहना।

शाम तक सुबह का इंतिज़ार

सोए भी देर तलक मगर
आँखों की जलन कुछ कम न हुई
ख़्वाब तो मुकम्मल क्या होते
जीने की हसद भी जाती रही।

राहतों लौट आओ!
लौट के दिल में बस जाओ!!!

ऐसा भी गुनाह क्या कर बैठे
इतना भी ज़ुल्म क्या ढाया था
कुछ प्यार ही तो किया था ख़ुद से
कुछ अपना वजूद ही तो चाहा था
हिम्मत को समझा था हालात से ऊपर
बस हौसला ही तो आज़माया था।

ले टूट भी गए, ले बिखर भी चुके
ज़िंदगी! तू भी निकली दुनिया-सी
तुझे भी झुका हुआ सिर भाया था।

गर हम भी ठुकरा दें तुझको
तेरे ग़ुरूर का क्या होगा?
तू अपनी होकर भी अपनी न थी
ज़िंदगी! साथ बस हमने निभाया था।

अब हम भी तुझसे थकने लगे
अब हम भी तेरे तलबगार नहीं
जा रख ले अपने ख़्वाब तमाम
अब इन आँखों में जगह नहीं।

खिड़कियाँ और पर्दे

खिड़कियों पर गिरे पर्दे से हम एक दुनिया छिपा लेते हैं
खिड़कियों पर गिरे पर्दे से हम एक अलग दुनिया बना लेते हैं
खिड़कियों पर गिरे पर्दे से हम समेट लेते हैं एक नज़रिया
खिड़कियों पर गिरे पर्दे से हम एक नया नज़ारा बना लेते हैं
खिड़कियों पर गिरे पर्दे छटपटाते हैं आज़ाद उड़ान भरने को
खिड़कियों पर गिरे पर्दों को हम सिमटना सिखा देते हैं
खिड़कियों पर गिरे पर्दे कितने बेबसी से बँध जाते हैं
खिड़कियों पर गिरे पर्दे निगाहों के पहरेदार बन जाते हैं
खिड़कियों पर गिरे पर्दे सच छिपाना जानते हैं
खिड़कियों पर गिरे पर्दे झूठ बनाना जानते हैं
खिड़कियों पर गिरे पर्दे कब आँखों पर गिर जाते हैं
ये हम एक-दूसरे से बिछुड़ने पर ही समझ पाते हैं...!

आह्वान

हर बार बहुत बुरा होकर मैंने जाना
अच्छे बने रहने की अनिवार्यता।

अच्छेपन के थके हुए कंधों पर
मुर्दा बेताल-सा लदा पड़ा समाज
जो बेताल होने पर भी
जब-तब प्रश्न पूछ ही लेता है
और समाज को मुर्दा होने से बचाए रहता है
याद दिलाता रहता है विक्रम जैसे राजाओं को
उनकी बुद्धि, उनका शौर्य, उनकी सामर्थ्य, उनका अतीत।

अंधा कर दिए जाने से पहले मैंने सचमुच चाहा था
जो देख रही हूँ उसे देख लेने से पहले अंधा हो जाना
पर मेरी आँखें मेरे चाहने से नहीं बल्कि
मेरे देखते रहने की सज़ा के परिणामस्वरूप छिनीं

और मैं नहीं चाहती आँख के बदले आँख का क़ानून
इसलिए मैं सहमति देते स्वर में कहती हूँ
ये अंधा बनाया जाना नहीं, नेत्रदान है।

मैंने नंगा होने से पहले देखा है
झूठ के झबले में सजे-धजे सच को
और हम्माम का भरम बनाए रखने के लिए
मैंने सहर्ष चुना नंगा होना
क्योंकि ये नंगा समाज मेरा भी तो है
और इसके नंगेपन के सामने मेरे कपड़े अश्लील लग रहे थे।

जब सबकुछ ग़लत और सिर्फ़ ग़लत हो रहा है
मेरे साथ और मेरे आसपास
मैं इसकी मूक समर्थक बनी खड़ी हूँ
ताकि ग़लत को ग़लत समझा तो जाए
और फिर हम ग़लत को सही करने की
साझा कोशिशों में जुट जाएँ।

अब का ग़लत किसी एक के सही होने से नहीं सँवरेगा
अब चलेंगे तो सब साथ चलेंगे
कोई एकला नहीं चलेगा।

शोषण का पूर्वाभ्यास

माँ!
मुझे गुड़िया और भैया को गन लाकर दी थी
तुमने जिस पल
लड़की और लड़के का भेद तो हो गया था
उसी पल उत्पन्न
मेरे उछलने पर तुमने कहा था कि
अच्छी लड़कियाँ छलाँगें मारकर नहीं चलतीं
अच्छी लड़कियों के सीने से चुन्नी कभी नहीं ढलती
अच्छी लड़कियों के साँस लेने की आवाज़ नहीं होती है
अच्छी लड़कियाँ सोते हुए भी कपड़ों का होश नहीं खोती हैं
और मैं अच्छी लड़की बन
अबला जनम को संस्कारित करने के प्रशिक्षण में जुट गई।

तुमने कहा था :
भले घर की लड़कियाँ घरों की मान-मर्यादा होती हैं
वे अपने सिर पे सारे कुल की इज़्ज़त के टोकरे ढोती हैं।

वो रात तो क्या, दिन में भी
घर से बाहर अकेले नहीं जाया करतीं
वे ऐसे चलती हैं कि उनकी एड़ी से
ख़ाक़ और आवाज़ तक नहीं उठती।

वे बड़ों के आगे ज़बान नहीं खोलती हैं
वे हर बात पूछकर ही बोलती हैं
वे ज़ोर-से ठहाके लगा नहीं हँसती हैं
उनकी तो आँखें भी किसी पर्दे के अंदर ही बरसती हैं
और मैं भले घर की बेटी बनने के प्रशिक्षण में जुट गई।

तुमने कहा था :
अकेली रहनेवाली लड़कियाँ होती हैं आवारा
तो मैंने पिछली गली में रहनेवाली गुड्डी के घर जाने के लिए भी
लिया था छोटे भैया की उँगली का सहारा
पर गली की नाली तक भी पार नहीं कर पाया था
गोदी में उठाए बिना मेरा छोटा-सा भैया बेचारा।

तुमने कहा था :
लड़कियों के शरीर में बल नहीं होता है
इसलिए बाप, भाई, पति या बेटा ही
उसका रक्षक और खेवनहार होता है।

मैंने मान ली थी तुम्हारी बात
सो पंजा लड़ाते हुए हार के भैया रोने न लगे

मैंने बिन लड़े ही मान ली थी हार
बिन लड़े ही हार मान लेने का विधिवत प्रशिक्षण
मैंने सर्वोच्च दक्षता से प्राप्त किया
इसलिए हर बार दर्द को जीतकर भी मैंने
दर्द को सिर्फ़ सहने का नाटक किया।

पापा को घुटने का दर्द बहुत सताता है
भैया तो ज़रा-सा गिर जाने पर ही बिलख जाता है
मैं ही ढीठ हूँ कि
गिरने पर भी खिलखिलाती खड़ी हो जाती हूँ
तवे से जलती रोटी बिन चिमटे के ही उतार लाती हूँ
हर महीने पाँच लहूलुहान दिन यूँ ही गुज़ार जाती हूँ।

सँभालते-सहेजते पूरे घर को
अपनी कोख भी नौ महीने सँभाल पाती हूँ
ख़ुद बिन मरे दे देती हूँ जन्म किसी को
फिर भी यही हूँ मानती कि
शक्ति क्या होती है, मैं नहीं जानती।

अगर कोई बाहर छेड़े तो मुझे घर में छिप जाना चाहिए
घर में जो हुआ उसे किसी को नहीं बताना चाहिए
मेरे शरीर की रक्षा में ही छिपी है
मेरे समूचे अस्तित्व की सार्थकता सारी
क़ानून, व्यवस्था, समाज, परिवार
मेरा शरीर मेरा नहीं, इन सबकी है ज़िम्मेदारी।

तुम्हारे प्रशिक्षण के बस इसी सबक़ में मैं हो गई माँ फ़ेल
सो जब मेरे सीने पर हाथ रखा उस 'अपने' ही ने तो
मैं नहीं पाई झेल
मेरे चाँटे का निशान उसके गाल पर ताज़ा है
जो मेरे अच्छी लड़की बनने की रास्ते की सबसे बड़ी बाधा है।

आज तो मैं हद ही पार कर गई
जो ऐसे ही एक बेक़ाबू हाथ को रोकने में इसके रक्त से सन गई
जो मेरी कमर के नाड़े को मनोरंजन की सीढ़ी समझते हैं
वे अस्ल में यमराज की चौखट पर पहला पाँव धरते हैं
मेरी आबरू को जो मेरे कमरबंद में बंद समझते हैं
वे मेरी शक्ति की आधी जानकारी रखते हैं।

परिवार, समाज, व्यवस्था, न्याय
किस समय, किस युग में नहीं दिए थे ये शब्द सुनाई
क्यों अग्निसुता द्रौपदी भी सिर्फ़ सिसकी और गिड़गिड़ाई
और आख़िरकार उसकी लाज किसी गोविंद ने ही बचाई
क्यों फिर हर बार कोई रौंदी गई तो कोई जलाई
कोई बाज़ार में लुटी
किसी की सेज उसके किसी अपने ने ही सजाई
किसी के मुँह में घुटती सिसकियाँ तो थीं
मगर आवाज़ नहीं
और किसी की जीभ पर
इसी व्यवस्था और समाज ने दराँती चलाई।

कहीं मैं अकेली थी तो कहीं भीड़ में घिरी
किसी हाथ की खसोट से छटपटाई
पर क्यों तुम्हारी दुनिया ने मेरी आबरू नहीं बचाई।

ज़माना आज भी उँगली उठाकर
मुझे ही क़सूरवार ठहराना जानता है
ज़माने ने कल भी अग्निपरीक्षा की चिता
मेरे लिए ही सजाई।

हर बार मेरी चीख़ें
मेरे कानों तक ही आकर लौट जाती हैं
पर भले घर की लड़कियाँ आपबीती
जग को नहीं बताती हैं
सदियों से भली लड़कियाँ इन्हीं सीखों की बदौलत
भली कहला पाती हैं।

फिर आज
मैं क्या करूँ इन रक्तरंजित हाथों का
इन्हें किसके दामन से पोंछकर साफ़ करूँ
या फिर इन रक्तरंजित हाथों को सजा लूँ मेहँदी-सा
और ख़ुद अपना इंसाफ़ करूँ
मेरा जिस्म रौंदने का सपने देखनेवाले
जागना सीख जाएँ ऐसा हाहाकार करूँ

कितना ही अच्छा हो कि मैं बन जाऊँ बुरी लड़की
और तुम्हारी अच्छी लड़की की हिफ़ाज़त की हुँकार भरूँ
युगों-युगों तक तुम भुला न पाओ मेरी शक्ति
नए आह्वान से, अपने सौष्ठव से, अपनी शक्ति से
मैं ऐसा खड्ग प्रहार करूँ
जो दराँतियाँ आज मेरी ज़बान पर उठती हैं
उन्हीं से तुम्हारे सिरों पर वार करूँ
भुला दूँ वे तमाम सीखें, जो कहती हैं मुझे अबला
पहचान अपनी शक्ति को
नए युग का शक्तिशाली शंखनाद करूँ।

मेरी अमर क़लम

क़लम! क़लम!! क़लम!!!
ये मेरी क़लम
ये क़लम बग़ावत की फसलें रौंप सकती है
ये फ़िज़ा में दोस्ती के रंग भी घोल सकती है
इसकी निब हल की तरह खेत जोत सकती है
ये क़लम दोस्ती का हाथ बढ़ा सकती है
ये क़लम सरहदों की दूरियाँ मिटा सकती है
इस क़लम का हर्फ़ गूँगों की आवाज़ बन सकता है
इस क़लम का यक़ीन
रेंगते लोगों की परवाज़ बन सकता है
ये क़लम डरानेवालों को डरा सकती है
ये क़लम डर से झुके सिरों को उठना सिखा सकती है।

नीली-हरी-काली स्याही तो इसमें
पल में सूख जाएगी
ये क़लम तो इस दौर में
लहू की सुर्ख़ी से ही चल पाएगी।

मेरी क़लम जब तक क़लमदान में है,
समझो म्यान में है
म्यान से बाहर ये क़लम ऐसा हथियार है
जिसके आगे बेबस नंगी तलवार है।

इस क़लम की स्याही बनी सुर्ख़ी को जब
सुनहरा करने की कोशिशें की जाती हैं
ये क़लम बिकने के बजाय लड़कर मिट जाती है
मिटते-मिटते भी ये क़लम रक्तबीज उगा जाती है
इसीलिए ये क़लम मिटकर भी नहीं मिट पाती है
और जो कुचलकर मार दिए जा रहे हैं
उन्हें हौसले से भरी ज़िंदगी का भरोसा जुटाती है।

ईद मुबारक

वजह भी जानती हूँ कि
आज ईद में मिठास क्यों कम है
पर देख मेरी जानिब दोस्त
आज आँख मेरी भी तो नम है।

मत फेरना नज़रें तू
कि कुछ लोग यही चाहते हैं
हमें क्या जो आज ख़ुद तक को
नहीं पहचानते हैं।

उन्हें उनके हिस्से के पछतावे का
अभी इंतिजार करने दे
तेरी ज़बाँ शीरीं, मेरे अश्क नमकीन
गंगा-जमुना तहज़ीब का
अभी तो यही रंग चढ़ने दे।

आ लग जा गले
कि खुली हैं मेरी बाँहें
जो लड़ रहे हैं अपनी ही परछाइयों से
उन्हें लड़ने दे
मुझे तो मेरे हिस्से के एहसास इस दिन में भरने दे।

ईद मुबारक कहने दे यार मुझे
ईद मुबारक कहने दे।

महिला दिवस के नाम

टुकड़ा-भर क्यों लूँ सारा जहान मेरा है।

पतंग क्यों बनूँ मैं तेरे हाथों की
मेरे पास है परवाज़ हौसलों की।

ये ज़मीं है मेरी भी, ये सारा आसमान है मेरा भी
धूप सलामत रहे तेरे हिस्से की छाँव पर हक़ हो मेरा भी।

सलामत तू भी रहे, सलामत मैं भी रहूँ
यही दिलो-दिमाग़ से दिया बयान मेरा है
समझती आई हूँ अहमियत तेरी हमेशा मैं
बस तू भी मान ले अब क्या मक़ाम मेरा है।

टुकड़ा क्यों लूँ सारा जहान मेरा है।

एक फ़ालतू से समय में

किस तरह लिखी जा सकती हैं प्रेम कविताएँ उस दौर में
जब प्रेम तो क्या जिस्मानी हरारतें तक उकताने लगें
किस तरह की जा सकती हैं शांति की बातें उस दौर में
जब मुँह में आवाज़ तो क्या ज़ेहन तक सोचने से बचने लगे।

मिले तो कैसे मिले आधा आसमान आधी ज़मीन
जब एक लिंग के पाँव फैलाने की कोशिश भ्रूण-रूप में ही कटने लगें।

कौन-सा खेत बचाओगे किस प्यास की बातें करते हो
जब नदियों की प्यास शीतल पेय में बँटने लगे
किस पराजित का हुआ है सगा इतिहास कभी
जब जीते हुओं की नीयत और ईमान तक बँटने लगे।

कुत्ते और इंसान जब फुटपाथों पर सोते हों संग
जब किसी ममता की लोरी हलक़ में ही घुटने लगे
आग जब चारों तरफ़ हो मल्हार, राग गाए कौन
जिन हाथों में पानी के घड़े हों वही पीछे हटने लगें।

फाड़ दो सारी किताबें जिनमें लिखे हैं सिद्धांत
इस सदी की वफ़ादारियाँ पिछवाड़ों से चटने लगे
बात करना ही हो जब बकवास तब मुँह खुले तो क्यों
कुछ भी सुनना कुछ भी कहना बग़ावती जब लगने लगे।

क्यों न तारीफ़ें अँधेरों की हों बतलाओ तो ज़रा
जब नंगे सिरों पर आग बरसाने-भर को सूरज उगने लगे
क़लम का सही उपयोग दाँत का मैल कुरेदना ही हो जब
तब किसी सत्ता को क़लम से डर क्योंकर लगने लगे
जान देकर भी न जब जानें बचाई जा सकें
ऐसे में फिर बंद दरवाज़ों की साँकल क्यों खुलने लगे।

जाओ तुम जनेऊ सँभालो, तुम सँभालो जा-नमाज़
मेरे सवाल हैं ख़ुद ही से चीख़ क्यों तुमको लगे
मैं तो कब से दफ़्न हूँ अपनी ही बनाई क़ब्र में
मेरी क्या औक़ात मुझसे क्यों भला डरने लगे।

मैं तो बंद घड़ी का समय हूँ जो बीत चुका, जो मिट चुका
ज़िंदा समय की मुर्दगी में ज़िंदगी कैसे जिए
कुछ भी कहने की एक हद तो होनी चाहिए
ख़ासतौर पर तब ज़रूर, जब कुछ भी कहना बेमानी लगने लगे।

अधर में लटके हुए विश्वासों के लिए आधार

अभी उमस बहुत ज़्यादा है
हवा भी है थमी हुई
आसमान की तरफ़ मत देखो
उसपे अभी राख है जमी हुई।

करो इंतिज़ार कि अभी ज़मीन
जितनी तपिश सह पाए
करो इंतिज़ार कि आसमान
कुछ तो बरसाए।

पर अब जो ज़मीन से फूटेगा
वो शर्तिया लावा ही होगा
अब जो आसमान से बरसेगा
वो शर्तिया लहू ही होगा।

तुम मत देखो ज़मीन की तरफ़
तुम मत देखो आसमान की तरफ़
तुम निहारो सिर्फ़ मेरी आँखों में
ज़मीन और आसमान को अपना काम करने दो
तुम अपनी उम्मीद और यक़ीन के कुचले अंकुर
मेरी आँखों की नमी से उतरकर,
मेरे दिल की ज़मीन पर जमने दो।

यूज़ एंड थ्रो वाला भगवान

मैं कूड़े-कचरे के ढेर पर पड़ा हुआ भगवान हूँ
मैं ही तो तुम्हारे मंदिर की बीती हुई शान हूँ।

जिसके नाम पर कर देते हो तुम
बेघर कितनों ही को
देखो इस बेरंग खंडित मूर्ति को
जिसमें देखा था मेरा अंश तुम्हीं ने
फिर पुराना पड़ते ही ठुकराया तुम्हीं ने
फेंक दिया मुझको कचरे के ढेर पे
तुम्हीं से बदनाम-बेबस हुआ
मैं वही उपेक्षित हुआ राम हूँ।

मेरे मंदिरों में जो धागा तुमने बाँधा था
थी वो श्रद्धा या सिर्फ़ स्वार्थ साधा था?
मेरी इन्हीं मूर्तियों के आगे तुम करते रहे दंडवत जो
मुझपर विश्वास था या कोरा पाखंड वो?

मेरे रंग क्या फीके हुए, तुम्हारी भक्ति के रंग भी मिट गए
मेरी दया-इंसानियत के संदेश धर्मों तक सिमट गए
तुमने बदली धर्म की परिभाषाएँ पर मैं बदनाम हूँ
तुम्हीं से बदनाम-बेबस हुआ
मैं वही उपेक्षित हुआ राम हूँ।

मेरे आदर्शों को न समझो चाहे उन्हें न अपनाओ
पर अपनी स्वार्थ-भरी परिभाषाओं में मुझे तो न बसाओ
न बनाओ मेरी मूर्तियाँ अगर उनकी परिणति विसर्जन है
सीख सको तो सीखो मेरे जीवन से, वही मेरी भक्ति का अर्जन है
वनों में न भटको मुझ-सा, पर मेरी दुनिया को जंगल न बनाओ
मेरे भक्तों तुमसे रहम चाहता तुम्हारा भगवान हूँ
मैं ही तो तुम्हारे मंदिरों की बीती हुई शान हूँ।

अपने वर्तमान के नाम

उस समय से डर जाना चाहिए
जब बोटी बेच के भी रोटी नहीं मिलती
और बिकने को तैयार लोगों को क़ीमत नहीं मिलती।

उस समय से डर जाना चाहिए
जब मुर्दों को काँधा देते ज़िंदा लाशें हैं चलती
और किसी की आँख नहीं उमड़ती
उस समय से डर जाना चाहिए।

जब किसी की थाली के घी में
ऊपर-ऊपर किसी का लहू तैरता हो
और फिर भी कोई कौर किसी गले में न अटकता हो
उस समय से डर जाना चाहिए।

जब हालात और स्वार्थ के ओलों से चपटी हुई फसल पर
कोई किसान हो शव-सा लेटा
और कोई बादल को तकता

चाय की प्याली और कविता लिए हो बैठा
उस समय से डर जाना चाहिए।

जब बचानेवालों के हाथ कवच ही न हों
और मारनेवालों के पास वजहें तक न हों
जब संपूर्ण वसुधा केवल कुटंब तक सिमटी हो
उस समय से डर जाना चाहिए।

जब नन्हीं लाशों की छायाएँ हों विकराल
और किलकारियों से ख़ौफ़ खाने लगे संसार
उस समय से डर जाना चाहिए।

जब लहू खौलने के वक़्त पर ठंडा पड़ जाए
और गले की गुर्राहटें कराहों में बदल जाएँ
उस समय से डर जाना चाहिए।

उन हालात को भी अपने हाल पे
तरस खाना चाहिए
जब जीना-भर भी लगता हो मुहाल
और 'क्यों ज़िंदा हैं' यही बन जाए सवाल
उस समय से डर जाना चाहिए।

जब कहने से ज़्यादा सहना आसान लगता हो
और ख़ामोश वक़्त किसी को न खटकता हो
उस समय से डर जाना चाहिए।

डर जाना चाहिए उस समय से भी
जब किसी बात से डर ही नहीं लगता है
क्योंकि यहीं से हर डर से निकलने का रास्ता निकलता है
इसलिए ऐसे वक़्त को इंतिज़ार का मक़सद बनाना चाहिए
ऐसे वक़्त पर ईमान लाना चाहिए।

दीवाली के दीयों के सवाल

आपने आज जो दीये जलाए हैं
उनका तेल कहाँ से लाए हैं?

क्या याद है आपको वो किसान
जिसके खेत की सरसों ने आज
रौशन किया है आपका जहान?
बे-मौसमी बारिश की मार ने शायद
ढहा दिया हो उसका अरमान
याद तक न हो आज जिसकी मुफ़लिसी को
कैसा लगता है उजालों से सजा मकान।

इन दीयों की मिट्टी हो सकता है
किसी बदरू या जुम्मन के हाथों भी गूँदी गई हो
पर हो सकता है इस बार उसके हाथों को
ये उजाला बाँटने की मनाही कर दी गई हो।

जिस ज़री और सितारों से
हम अपने मंदिरों के दरबार सजाते थे
किसी सुलेमान या ज़ुलेख़ा के हाथ भी
उसे अब तक बड़ी मुहब्बत से बनाते थे।

पर चाहे लाख श्रद्धा हो या मुहब्बत हो समाई
उनके हाथों को अब ये छूने तक की है मनाही।

अब उजालों से उनके मक़सद नहीं
मज़हब पूछे जाते हैं
गरबा और डाँडिया के डंडों से अब दिल जुड़ते नहीं
लोग पीटे जाते हैं।

भावनाओं को भूलकर अब
ये शब्दों में सिमटने लगे हैं
इसीलिए जश्ने-रिवाज कह देने भर से
संस्कृति के भाव घटने लगे हैं।

मिठाइयाँ भी अब कड़वाहटें कहाँ घटा पाती हैं
सिर्फ़ नाम के आधार पर दुकानें हटा दी जाती हैं।

मैंने प्रभु श्रीराम को सीने में बसाया था
और उनसे कर्म का ये सबक़ पाया था
कि श्रद्धा के आगे महल का पकवान फीका होता है
शबरी का जूठा बेर अमृत-सा मीठा होता है।

अब तो श्रीराम के पाँव भी शायद
उन उजले रास्तों पे लड़खड़ा जाते हैं
जिनके दीयों के बचे तेल अगले दिन
भूखे बच्चे उठाकर ले जाते हैं।

एक त्योहार मनाने को
अब पूरे महीने का बजट दाँव पर लग जाता है
फिर भी क्यों नहीं अब वो हँसी, वो उजाला
मन में उतर पाता है?

कुछ तो ग़लत हो रहा है, कुछ तो कमी है
कि त्योहारों की बात क्या
ज़िंदगी तक रस्मी बनी है।

मेरी नज़रें इस अँधेरे में ढूँढ़ रही हैं वे हाथ
जिनके साथ बाँटी थी मैंने हमेशा
दीवाली के उजालों की सौग़ात।

सुना है, उजालों से घटता अँधेरों का रंग है
फिर हमारी आस्था के अर्थ क्यों आज इतने तंग हैं?
दीयों के साथ शामिल जब हम हमेशा से
मोमबत्तियों को भी करते आए हैं
सबसे ऊपर होती है इंसानियत
यही सीख शीश धरते आए हैं
फिर अब क्यों हर बार हम दीवाली के उजाले घटा रहे हैं
क्या आप भी दीवाली संकुचित अर्थों में मना रहे हैं?

क्या करें कि धर्म के सच्चे अर्थ
बीते ज़माने ने इस तरह हैं समझाए
जो आज तलक हैं हमारी रग-रग में समाए
कि दिल की बात ज़ुबाँ तक लाने में हमने
सिर कटाने के हैं ख़तरे उठाए
पर एक दिन तो जवाब देना है इन दो जहानों का
तब ख़ौफ़ कैसा इन स्वयंभू इंसानों का।

सुना है, सही कहनेवालों की उम्र
पेंसिल-सी छोटी होती है
पर नीयत सही हो तो
नहीं होता हर्फ़े-ग़लत का इल्ज़ाम
कट जाने पर भी उठा रहता है
नहीं ढोता सिर शर्मिंदगी का सामान।

भाषायी शब्दों की सीमाएँ मेरे भावों के आड़े नहीं आती हैं
और मनसा-वाचा-कर्मणा की शुद्धता ही
मेरी आस्था की दीवाली का उजाला बन जाती है।

आइए न दोस्तो!
माटी की लौ से आकाश में उम्मीदों का सूरज उगाएँ
इस दीवाली एक दीया हम सिर्फ़
इंसानियत-भरी आस्था का जलाएँ।

भगवान का रचयिता

सड़क के किनारे
कड़ी धूप में बैठा वो
चला रहा है लगातार
छैनी-हथौड़ा
उन प्रहारों से
पत्थर बदल रहे हैं
आकार में।

कई भगवान भी बने बैठे हैं
कई सिल-बट्टा भी
भगवान का रहम उसे
रोटी खिलाएगा
और रोटी के लिए चटनी
सिल-बट्टा बनाएगा।

इस ख़ुराक से मिलेगी
जो ताक़त उसको
उससे वो फिर से
छैनी-हथौड़ा उठाएगा फिर से रचेगा कुछ भगवान
और कुछ सिलबट्टे बनाएगा।

और इस तरह सृष्टि के रचयिता को
उसी की रचना साकार बनाएगा।

लिव-इन रिलेशनशिप में क़त्ल होती लड़कियों के नाम

सुनो!
मन तो नहीं जोड़ पाऊँगी
ख़ाली जिस्म चलेगा क्या?
कोई रिश्ता नहीं जोड़ पाऊँगी
एक रात का साथ चलेगा क्या?

थके-हारे मन में एक भूख सोई रहती है
बनना सोई भूख का वक़्ती निवाला, चलेगा क्या?
जिस दौर में दिल में भी दिमाग़ धड़कता हो
बनना उस दौर का खिलौना और खिलवाड़, चलेगा क्या?

नाम भी मत पूछना, काम भी मत बताना
अपना काम निपटते ही ख़ामोशी से चले जाना, चलेगा क्या?
जिस एहसास से कभी न जुड़ना हो कोई शब्द
उस एहसास के सन्नाटे में ख़ामोशी से पसर जाना, चलेगा क्या?

जब आऊँ मैं तो निचोड़ लेना पोर-पोर, पर सीने से मत लगाना
लगे बिखरने वाली हूँ तो झटके से हट जाना, चलेगा क्या?
तुम्हारे हाथ शरीर की तह तक जा सकते होंगे, मन तक नहीं
मन तक राह मिले तो सरे-राह छोड़ जाना, चलेगा क्या?

ज़्यादा बातें करेंगे तो कुछ जान भी जाएँगे
सीखना जानकर भी अंजान बनने का दुनियावी हुनर, चलेगा क्या?
मैं ख़ामोशी से पड़ी रहूँ, तुम ख़ामोशी से चले जाना
आँखों ही नहीं, याद तक से ओझल हो जाना, चलेगा क्या?

कुछ देर को ही तो फ़र्क़ ख़त्म होगा इंसान और खिलौनों का
इंसानी जज़्बात का खिलवाड़ बन जाना, चलेगा क्या?
मन जोड़ोगे तो बैकवर्ड कहलाओगे
बनना प्रैक्टिकल, स्मार्ट और ट्रेंडी, चलेगा क्या?

बस ग़लती से भी न चूमना मेरे माथे को पूरे हो जाने के बाद
भूख के सोने पे मैं जाग गई तो न जाऊँगी, न जाने दूँगी
मेरा रुक जाना या तुम्हें रोक लेना
नहीं चलेगा न।

सतरंगी रंग

जुगनू हूँ तो क्या
अँधेरे का हिस्सा तो नहीं हूँ
क़र्ज़दार तो हूँ ज़माने की
पर बेईमानी का क़िस्सा तो नहीं हूँ।

तुम दिखाते हो मुझे कंकर
दिख जाते हैं मुझे शंकर।
हर ठोकर पर माँ और हे राम
मुँह से निकलना है कितना आसान।

तुम दिखाते हो एक रंग में प्यार
एक में नफ़रत
मेरे लिए भगवे में है त्याग
हरे में तुलसी के दर्शन।

मेरे सीने में एक ही दिल धड़कता है
दो कहाँ से लाऊँ
जहाँ बसे हों इंसानियत में ईश्वर
उसमें धर्म को कैसे बसाऊँ।

मुझे अपने होने से प्यार है
पर दूसरे के होने से भी नहीं इनकार है
अपना होना है गर्व मेरा
पर दूसरे का गर्व भी स्वीकार है।

तुम रख लो हिसाब अपनी
नफ़रतों और बँटवारों का
मेरी छोटी सोच में भरा पड़ा है
सामान भाईचारे का।

थक जाओ नफ़रतों से
तो तुम भी यहीं आ जाना
हवाओं ने, पानी ने, अन्न ने
अभी भी कोई फ़र्क नहीं है जाना।

भूली हुई ज़रूरी बात

कोई गीत गुनगुनाए—कई दिन हुए
किसी सफ़र पर जाए—कई दिन हुए।

बहुत दिन बीते नहीं पढ़ी कोई किताब
अपना वक़्त अपने संग बिताए—कई दिन हुए।

होती हूँ रोज़ तैयार घर से बाहर जाते
पर ख़ुद को सजाए—कई दिन हुए।

रोज़ दस्तकों की आमद को हूँ तत्पर
पर साथ अपना पाए—कई दिन हुए।

कहने को तो कह सकती हूँ कितना कुछ मैं भी
सच कहूँ तो बात है बस यही
कि अपनी ज़रूरत पेश आए—कई दिन हुए।

कितनी ज़रूरी है ये बात
बस यही बात ख़ुद को बताए—कई दिन हुए।

मुस्कुराहटों के मौसम

मौसम नहीं है मुस्कुराहटों का
फिर भी मुस्कुराओ
कि मुस्कुराने से
उदास मौसम भी मुस्कुराते हैं।

हालात बन जाते हैं ज़मीं
और अश्कों की झड़ी बारिश
फिर इन्हीं में से उगकर-गुज़रकर
नई बहारों के पैग़ाम आते हैं।

ये जो आज बीतते ही नहीं
कल ये भी बीते कल बन जाएँगे
मुस्कुराओ कि मुस्कुराने से
उदासियों के मौसम
जल्दी बीत जाएँगे।

मौसम नहीं है मुस्कुराहटों का
फिर भी मुस्कुराओ
कि मुस्कुराने से
उदास मौसम भी मुस्कुराते हैं।

चॉक और डस्टर

जो ख़ुद थामे चॉक उँगलियों में
संसार को मुट्ठी में करना सिखाता है
खोलकर शिक्षा से हर बंद दरवाज़ा हमारे लिए
ख़ुद ब्लैक बोर्ड के पीछे छिपा रह जाता है।

हर आम को ख़ास बना देने वाला
वो व्यक्ति साधारण होकर भी कितना महान बन जाता है
ज़माना सिर झुकाता हो चाहे न किसी के आगे
पर शिक्षक के सामने भगवान का सिर भी श्रद्धा से झुक जाता है

इसलिए शिक्षक चाहे न हो भगवान
पर वो ईश्वर से बढ़कर दर्जा पाता है
क्योंकि शिक्षक नहीं कराता सिर्फ़ 'ईश्वर' शब्द का ज्ञान
वो ईश्वर होने के अर्थ और भाव को समझाता है।

इसलिए मेरा शिक्षक मेरे लिए
ईश्वर नहीं पर उससे बढ़के दर्जा पाता है।

माँग और पूर्ति

धूप बहुत तेज़ है
और मैं पसीने से तर-बतर
गला सूखा हुआ है, चेहरा भीगा हुआ
दौड़ाती हूँ कुछ पाने-तलाशने को नज़र इधर-उधर।

एक छोटा-सा जामुनी रंगत वाला लड़का
बैठा बेच रहा है जामुन
इस तपती तारकोल वाली सड़क के किनारे
कुछ पानी की बोतलें नज़दीक रखे डिब्बे के ऊपर रखी हैं
कुछ टिश्यूज़ के बॉक्सेज़ से उसकी दुकान
प्रासंगिक और समसामयिक बन पड़ी है।

मैं मौसम के साथ उसकी दुकान के तालमेल पर
मन ही मन मुस्कुराती हूँ
इस वक़्त की सारी ज़रूरी चीज़ें एकसाथ देख
राहत भी पाती हूँ

फिर 'कई चीज़ें ले रही हूँ!' कहकर
सही भाव लगवाती हूँ
और सारी चीज़ों पर पाँच रुपए कम करने के फ़ैसले के साथ ही
मैं अघोषित विजेता हो जाती हूँ।

ठंडा पानी, टिश्यू और जामुन थामकर
जैसे ही पैर आगे को बढ़ाती हूँ
उस लड़के को अपने दिए पैसे सिर-माथे लगाकर
फिर जेब में रखते देख ठिठक जाती हूँ।

पूछने पर कहता है :
'दीदी! आप बहुत अच्छी हो!
पहली बोहनी ही आपसे की है
सारी चीज़ें शाम तक बिक जाएँगी
ये उम्मीद बड़ी है।'

पता नहीं मेरी चतुराई बड़ी थी
या उम्मीदों में छिपा उसका सवाल ही बड़ा है
मेरे भीतर के पाँच रुपए का विजेता ज़मीन पर पड़ा है।

ओ सूरज!
तू कितने जलते हुए पेटों के लिए
कितनी ही ऐसी नन्ही जलती ज़िम्मेदार पीठों के लिए
जुटती रोटियों का तवा भी है

इन जामुनी चेहरेवालों का तू टिश्यू भी है
तू ही इनका ज़ख़्म और तू ही दवा भी है।

ओ सूरज!
तेरी आग में कितनी ठंडक छिपी है
जिनमें आज इन भूखे पेटों की राहत भरी है।

आग का धर्म

लगेगी आग जब भी तो फैलती ही जाएगी
आग मज़हब नहीं मकान को पहचानती है
जलते घरों की आग जो नहीं बुझाते नाम देख
आग नाम नहीं देखती, बस जलाना जानती है।

कुछ हाथ तुम्हें भी बढ़ाने होंगे आज पहले
कि कुछ हाथ कल हमारी भी ख़ातिर बढ़ें
हाथ आग बुझाने का, बचाने का हुनर जानते हैं
आग बस आग लगाके राख बनाना जानती है।

बचे हुए सामान में छिपे होते हैं रंग हज़ार
राख का रंग भला किसी को भाता है
हज़ार हाथ उठ जाएँगे कल उसकी ख़ातिर
जो हाथ आज आग लगाता नहीं, बुझाता है।

घर को वापसी

पंछियों को घरौंदों में फिर से बसा दो
मौला मेरी दुनिया का सुकून लौटा दो।

वे लोग जो सड़कों पे हैं, मजबूर बहुत हैं
वे अपने आशियानों से दूर बहुत हैं।

उनके थके क़दमों को छालों से बचा लो
मौला मेरी दुनिया का सुकून लौटा दो।

दो वक़्त की रोटी ने हर वक़्त तरसाया
जब ही तो मजबूरी में पाँव आगे बढ़ाया।

अधर में लटके पाँवों को ज़मीं पे टिका दो
मौला मेरी दुनिया का सुकून लौटा दो।

ज़िंदा रहूँ तो मुझको मेरे वतन की हवा दो
मरना है जो लिखा तो मेरी ज़मीन ओढ़ा दो।

अभी हूँ लापता मुझे मेरा ही पता दो
मौला मेरी दुनिया का सुकून लौटा दो।

रंगमंच के कलाकार को

कुछ किरदार तुम भी जीते हो
कुछ किरदार हममें जीते हैं
एक मंच है तुम्हारा
एक मंच है हमारा।

कभी हम हैं दर्शकों में शामिल
कभी तुम तमाशबीन हो
एक नाटक है तुम्हारा
एक रोल है हमारा।

गिरे पर्दा तो तुम लौट आते हो
गिरे पर्दा तो छुप जाते हैं हम
रंग-मंच है तुम्हारा
जग मंच है हमारा।

कुछ तालियों के सच हैं
कुछ गालियों के क़िस्से
दोनों ही आधे-आधे
हम दोनों के ही हिस्से।

तुम मंच के बादशाह हो
हम दर्शकों में शामिल
पर कभी तुम्हारी हँसी झूठी
कभी हमारे क़हक़हे ज़ालिम।

फिर भी जोड़े तुझको
फिर भी जोड़े मुझको
किरदार ही वो सच है
क्योंकि पूरी दुनिया रंगमंच है।

बालों में उतरती चाँदी में जुटता सोना

बालों को सँवारती उँगलियों की खुरदुराहट
अब अक्सर उलझा लाती है अपने साथ
उम्र के तानों-बानों के सफ़ेद होते जाल के रेशे।

अपने चेहरे की झुर्रियाँ तो इन खुरदुराहटों से
जानी-पहचानी गुदगुदाहट-सी महसूस करती हैं
लेकिन बढ़ाए हुए हाथ पीछे खींचते तमाम दोस्त कहते हैं
इन उँगलियों की खुरदुराहट अब उनके हाथ ज़ख़्मी करती है।

इस दुनिया में आँख खोलते ही एक दुनिया शुरू हो जाती है
होते ही ये आँखें बंद वो दुनिया पीछे छूट जाती है।

रह जाते हैं कुछ भ्रम, कुछ यादें, कुछ क़र्ज़, कुछ सौग़ातें
पीछे रह जाने वालों के हाथ और साथ
लेकिन कौन जाने, जाने वाला सचमुच जाता है ख़ाली हाथ
या ख़ाली हाथों को छोड़ कुछ बाक़ी रूह में रह जाता है

जाने वाले तो लौटकर नहीं आते
इसलिए ये राज़ कोई नहीं बताता है।

लेकिन फिर ये ज़मीन कैसे उगा देती है बीजों से जंगल
कैसे सूखे पत्ते मिलकर मिट्टी में
फिर-फिर फूल बन खिल जाते हैं।

मिट्टी से उगकर मिट्टी में मिल जाने
और फिर चुपके-से लौट आने का सफ़र एक राज़ है
और सिर्फ़ ये मिट्टी ही इस राज़ की हमराज़ है
माटी की देह का सच माटी ही जानती है
इसीलिए माटी में मिले हुए को भी
माटी नहीं मानती है।

साझेदारी

एक क़दम जब पुरुष चलता है
एक क़दम जब महिला चलती है
दोनों के साझे क़दमों से
मंज़िल मिलती है।

चलने को तो चल सकते हैं
दोनों ही तन्हा-तन्हा
तन्हा क़दम से तन्हा सफ़र तक ही
दूरी सधती है
दोनों के साझे क़दमों से
मंज़िल मिलती है।

हर रस्ते पर कुछ ठोकरें
होती हैं रस्तों का सच
साथ को जो समझ लेते सहारा
घिसटता है फिर उनका सफ़र।

साथी बन जब चलें साथ तो
जन्नत भी सजती है
दोनों के साझे क़दमों से
मंज़िल मिलती है।

क्यों हों एक के नक़्शे-क़दम बस
क्यों बस एक अनुगामी बनें
क्यों हो अपने होने का इतना ग़ुरूर
कि अपना ही होना काफ़ी लगे।

दुनिया रची जब दोनों से तो
दोनों के वजूद से सजती है
दोनों के साझे क़दमों से
मंज़िल मिलती है।

घर की सफ़ाई

मेरे घर में जाले देख
मुझे गंदा न समझना
ये जाले मकड़ी ने बड़ी मुश्किलों से
अपने दम पे बनाए हैं
जिसे कह देते हैं हम गंदा
उसी में उसके सुख-दुख
और दुनिया-जहान समाए हैं।

सलीक़े से रहने की
आदत तो बहुत है
पर नहीं तोड़ पाते वे हाथ
किसी का भी घर
जिन्होंने अपने घर ईंट-गारों से पहले
अपनी हथेलियों की हज़ार दुआओं में बनाए हैं।

फ़ितरत

तेरा गुनाह यही है कि
क्यों तेरे सिर कोई गुनाह नहीं है
क्यों कह देता है हर बात
चाहे मन भाए, न भाए
जब ज़माने-भर के मुँह में ही
ज़बान नहीं है।

जुट गया है जिस तरह से तू
सिर्फ़ अपना हक़ अदा करने को
जानता है बेग़रज़ कामों का
तारीफ़ या सिला तो दूर, कोई अंजाम नहीं है।

फिर भी नहीं बाज़ आता अगर
अपनी इन कोशिशों से
तो मान ले तू कहानी है बीते दौर की
इस दौर का तू इंसान नहीं है।

देस में परदेसी होना

ओ मेरे शहर सुन!
इस पराए शहर की रातें ठंडी नहीं होतीं
पर रोज़ बाँहें ख़ुद ही कस जाती हैं
ख़ुद के इर्द-गिर्द।

बहुत मुश्किल होता है
अपने ही मुल्क के एक कोने में होकर
कोने में ही सिमटते चले जाना
न होकर ज़्यादा दूर भी
बहुत दूर हो जाना।

ख़्वाब देखने की क़ीमत
आँखें यूँ भी चुकाती हैं
जिनके लिए होते हैं सारे ख़्वाब
वही शक्लें आँखों से दूर हो जाती हैं।

नए शहर की सूरत अलग
ज़ायक़ा भी पराया है
कैसे चढ़े उस पे कोई और रंग
जिस दिल पे सिर्फ़ तेरा रंग छाया है।

देख सकती हैं तेरी आँखें तो देख वहीं से
कैसे तेरे आँगन का बरगद यहाँ गमले में समाया है।

जादू करती माँ

मेरी माँ अजब जादू के करतब दिखाती है
उसके बिटिया कहके बुलाते ही
मेरी पकती उम्र सिमटती चली जाती है।

अक्सर जो लगता है कि मेरा वक़्त आया ही नहीं
माँ उसे लौटाकर मेरी मुट्ठी में थमा जाती है।

जब-जब काँपने लग जाते हैं
ज़िम्मेदारियों को सँभालते मेरे हाथ
मैं माँ के झुर्री-भरे हाथों पर नज़र दौड़ाती हूँ।

उन काँपते हाथों में पाती हूँ वो मज़बूती
किसी भी चिड़िया की आँख भेदने की सशक्तता
अपने हाथों में पाने लग जाती हूँ।

जब-जब मैं नहीं छू पाती आसमान
अपनी माँ का आँचल-भर छू आती हूँ।

हुनर की नीलामी

मैं सलाम भी ठोक सकती हूँ
और घूँसे भी बजा सकती हूँ
चरणवंदना भी लिख सकती हूँ
और गालियाँ भी सुना सकती हूँ।

आप चाहें तो मेरे लिखे शब्दों पर
अपना नाम भी चिपका सकते हैं
और अगर चाहें तो मेरा नाम मिटाकर
अपना अभिमान चमका सकते हैं।

मेरे वैचारिक सृजन को
आप बता सकते हैं अपनी उपज
एक पलड़े में है मेरी प्रतिभा
एक पलड़े में है आपका धन।

मैं नीलामी पर रखती हूँ अपनी अनमोल प्रतिभा
बस बदले में चाहिए मुझे भी अब सम्मान नहीं, संपदा,
संपदा आ जाएगी तो सम्मान फिर जुट जाएगा
बिन संपदा के सम्मान का भ्रूणपात हो जाएगा।

सम्मान तो मैंने उनके लिए भी जुटाया है
जिन सुशीलों ने अपना ही नाम शुशीला बताया है।

पर भूख मुझसे वो काम भी अक्सर करा जाती है
जब लाखों के श्रम की क़ीमत दुनिया
कौड़ियों के भाव लगाती है।

अपना पसीना बहाने को वे जिम में जाते हैं
पर मेरे पसीने को वे बदबूदार गटर बताते हैं
मुझे अब पसीने को बहाना नहीं महकाना है
इसलिए मुझे भी अपने लिए थोड़ा सुख
थोड़ा आराम जुटाना है।

ये मत समझिए साहब कि मेरी भूख कुछ ज़्यादा ही बड़ी है
दरअस्ल मेरे पेट के साथ कई और ज़िंदगियाँ जुड़ी हैं।

मैंने अपनी आँखों से अपने सपने नोंचकर फिंकवाए हैं
और उनमें अपनों के सपने फ़िट करवाए हैं।

सो बताना हुज़ूर!
अगर हो कोई काम
ज़रूर करूँगी अगर आप चुका सकते हैं उसके दाम।

मेरे लिए ऐसे हैं राम

सीता को छोड़कर तो
राम अयोध्या भी नहीं आए थे
सिंहासन छोड़ने पर नहीं
राम ने सिया-वियोग में आँसू बहाए थे।

पुत्र, पिता, भाई और राजा
हर रूप में आदर्श निभाए थे
लेकिन जो निज के काँटे थे
वो सिया-संग ही बाँटे थे।

जो जान भी सके, सह भी सके
फिर भी कुछ भी कहने से बचे
जो पास रहे या दूर रहे
पर अंतर्मन की साथी अंतर्द्वंद्व भी सहे।

जब सारी उँगलियाँ हों उठी हुईं
जब सारी भृकुटियाँ हों तनी हुईं
तब भी ताप जो मन का सहे
कर्तव्य मार्ग पर कुछ न कहे
ऐसी थी राम-प्रिया
ऐसी थी सिया।

उसी संगिनी के संग राम
मर्यादापुरुषोत्तम कहलाए थे
जब धरा जगत में मनुज-तन
तब भगवान भी भगवान
नहीं रह पाए थे।

जीवन की मर्यादा से जुड़े
सारे कर्तव्य निभाए थे
पर जीवन बीता कर्तव्य नहीं
यही लीला राम भी रच पाए थे।

सब देकर भी जब रिक्त हुए
वही ख़ालीपन मन में भर पाए थे
सबसे आदर्श बने रघुवर
पर सीता की सतत परीक्षा कहाँ रोक पाए थे।

चाहे जनक-दुलारी कुछ न कहे
पर कुछ कठघरे थे राम के लिए भी बने
मानव-जीवन है इतना विशाल
रह जाता है अनुत्तरित कोई सवाल।

जब दुनिया में रहना होता है
दुनिया का बनना पड़ता है
ये बात तो राम तक भूले नहीं
हम ही याद नहीं रख पाए थे।

जब घर में सजता राम दरबार
तब पाता विश्वास आधार
जिस मन में बसता राम नाम
वहाँ नफ़रत द्वेष का कैसा काम?

तुम राम को मानते हो तो
राम की भी मानो
कौन हैं राम, क्या हैं राम
जानो, समझो, मानो, अपना लो।

चाहे शबरी हो या केवट हो
मेरे राम का सबमें साझा है
जो शत्रु को भी पूज सके
नहीं अहंकार कोई आड़े आता है।

मूरत में नहीं, मंदिर में नहीं
जो हर कण में बसना जानता है
वही हो सकता है मेरा राम
उसी राम को मेरा मन मानता है।

विकास के नाम पर दो मिनट का मौन

जब भी कभी मैं जानती हूँ
किसी ऐसे शख़्स के बारे में
जिसने मीलों तक फैली बंजर ज़मीन को
हरा-भरा बनाया
और सैकड़ों एकड़ में कोई जंगल उगाया
तो मुझे बहुत तेज़ हँसी आने लगती है।

उगा लो उगा लो, जंगल बसा लो
किसी बंजर ज़मीन को
हरा-भरा भी बना लो
और इसी हरियाली में
अपने जीवन का उद्देश्य भी जुटा लो।

फिर अचानक ही निकलेगा काग़ज़ी नक़्शे पर
कोई विकास मार्ग और
खा जाएगा तुम्हारे उगाए जंगल और वो सपना भी
जिसमें तुम देना चाहते हो इस दुनिया को
एक हरा-भरा साँस लेता जहान।

पेड़ों के साथ-साथ मिट जाएगा जंगल भी
और उसमें रहने वाले तमाम परिंदों और जानवरों का वजूद भी
जिन्होंने घेर लिया है इंसानी ज़िंदगियों का स्थान
और मैं हँसती जाऊँगी बेतहाशा।

जब भी कभी मैं जानती हूँ उन कोशिशों के बारे में
कि वो बहाना चाहते हैं नदियों को पूरी पारदर्शिता के साथ
निकाल देना चाहते हैं उनमें से हर कूड़ा-करकट
और करना चाहते हैं अगली पीढ़ी को
प्यास से बचाने का इंतिज़ाम
तो मुझे बहुत तेज़ हँसी आती है।

करो-करो सफ़ाई, चलाओ-चलाओ कोई अभियान
पर शायद नहीं है उस तरफ़ किसी का ध्यान
जहाँ एक मल-मूत्र से भरा नाला भी
तेज़ी-से चला आ रहा है इसी तरफ़
क्योंकि प्यास से ज़्यादा ज़रूरी है
शहरी बस्तियों के मल-मूत्र का निपटान।

प्यास तो सॉफ़्ट-ड्रिंक से भी बुझाई जा सकती है
और पानी को ग़ैर-ज़रूरी बना सकती है
फिर क्यों चाहिए नदियाँ, क्यों चाहिए झरने
क्यों चाहिए पानी के लिए संभावित विश्वयुद्धों का समाधान।

मैं जब-जब पाती हूँ कि
किसी औरत को देवी या पूजनीया कहा जा रहा है
उनके विकास और उद्धार का प्रयास किया जा रहा है
तो मुझे बहुत तेज़ हँसी आती है
और रुक ही नहीं पाती है।

करो-करो प्रयास, करो-करो उद्धार
क्योंकि इस ठप्पे के साथ ही मिल जाएगा लाइसेंस
श्रद्धा के नाम पर तिरस्कृत-अपमानित करने और रौंदने का
देवी या पूजनीया बनते ही ख़त्म हो जाते हैं सारे अधिकार
और तकलीफ़ सहकर भी चुप रहती
सिर्फ़ त्याग करती छवि का ही सब करते हैं ध्यान।

सम्मान देने वाले ही अपमान करने वालों की क़तार के
होते हैं अगुआ
उन्हें होते हैं सौ ख़ून माफ़
पर पूजनीया के हिस्से में नहीं आता है कोई रहम
त्याग की देवी से तो सब माँगते ही हैं
कौन करता है उसके हक़ में दुआ।

पर मैं उस वक़्त बहुत गंभीर हो जाती हूँ
जब कोई कहता है कि
इसपर संजीदगी से सोचने की ज़रूरत है
यहाँ इंसानी सरोकार बचाने हैं
नए आदर्श ज़माने को सिखाने हैं

क्योंकि मैं नहीं सूँघ पाती उस बू को
जिनमें होगी अंजानी साज़िशों की इंतिहा
तब सचमुच महसूस होती है बेबसी
अपनी दुनिया को बस मिटते देखते रहने की
जिसके साथ मिट जाने वाला है अपना क़िस्सा
और एक कायर, नपुंसक, बेबस मौन ही होता है हमारा हिस्सा।

हम हर हत्या और संहार पर मौन धरने के ही आदी हैं
तो चलो अपनी बेबसी को भी मौन में ही छिपाएँ
दो मिनट का मौन धरकर तमाम इंसानी विकास के नाम
अपनी बेबसी को भी श्रद्धांजलि दे आएँ।

बदलाव

एक दिन हम अँधेरे में होते हैं
लेकिन फिर पता चलता है कि
सूरज निकले तो दो पहर बीत चुके हैं
हम अपने हिस्से की रौशनी की तलाश में
जब तक पहुँचते हैं सूरज के पास
तो वो ढल चुका होता है शाम में।

एक दिन हम बीते दिन में जी रहे होते हैं
लेकिन फिर हमें पता चलता है कि
नया दिन आ चुका है
उस दिन करने न-करने की अपनी सामाजिक वर्जनाएँ हैं
और हमें वही निभानी हैं
जबकि हम तो कर रहे थे अभी तक
पिछले दिन की वर्जनाओं के गुज़र जाने का इंतिज़ार।

एक दिन हम करना चाहते हैं मौसम की बेहतरीन शुरुआत
लेकिन फिर पता चलता है कि
मौसम तो बदल चुका है और
इस मौसम में बीती रुत की कोई चीज़ काम में नहीं आ सकती
बदल देनी होगी उस रुत की आदतें
जैसे बदलने होंगे उस रुत के कपड़े और सामान।

एक दिन हम चाहते हैं, अपनी डायरी में लिखना
उस दिन का हिसाब लेकिन फिर हमें पता चलता है कि
अब इस डायरी में कुछ नहीं लिखा जा सकता
ये पड़ चुकी है पुरानी
बदल चुके हैं दिन, तारीख़ और साल।

सबकुछ है जो अचानक से ही बदल जाता है
लेकिन एक सवाल हर बार भीतर छोड़ जाता है
वहीं से पूछने, वहीं से बताने के लिए
कि हर बदल गई शै और वक़्त
भीतर ठहरे क्यों रह जाते हैं।

कई बार बदलाव के पास भी
बदलाव का ठिकाना नहीं होता
कई बार दिन गुज़र जाने का मतलब
वक़्त बदल जाना नहीं होता।

वसीयत जैसा कुछ

अगर मैं न रहूँ तो मेरा एक काम करना
मेरी राख को हवाओं में फैला देना
और मेरी रूह के लिए सुकून का इंतिज़ाम करना।

अगर न पूरे हुए तब तक तो
कुछ ख़्वाब मैं आँखों में ही समेट लिए जाऊँगी
पर उन ख़्वाबों को देने अंजाम
मैं जाकर भी लौट आऊँगी
उन बंद आँखों में न नींद, न सुकून होगा
कुछ कर गुज़रने का टूटा हुआ जुनून होगा।

कुछ क़र्ज़ बाक़ी हैं, कुछ फ़र्ज़ हैं अधूरे
देखना चाहती हूँ मैं उन्हें होते पूरे
उन्हें पूरा करने की ख़ातिर
मैं ख़ुद को देखना भूल गई
एक बार ही मिलती है जो ज़िंदगी

वही डोर हाथ से छूट गई
उनके आगे ही तो मेरी ज़िंदगी है
तब न जीने से गुरेज़ और मौत भी बस बंदगी है।

उस एक दिन को जीने की ख़्वाहिश में
मैंने तमाम उम्र गुज़ारी है
उस एक सच्ची सुबह पे
हज़ार रात भारी हैं
मैं अब भी कर रही हूँ इंतिज़ार
कहाँ है मेरा और मेरे ख़्वाबों का मक़ाम।

जो मैं पहुँच गई वहाँ तो
तुम साथ मेरा देना
जो रहा सफ़र अधूरा
तो कहानी मेरी कहना।

एक दोस्त थी तुम्हारी
थोड़ी समझदार, थोड़ी दीवानी
जो ज़िंदगी को ख़्वाब-सा जीती थी
पर न पढ़ी गई वो कहानी।

जो जीत हम जाएँगे
तो इन्हीं लफ़्ज़ों को दोहराएँगे
और हार के बाद मिली जीत का
हम मिलकर जश्न मनाएँगे।

लेकिन गर ज़िंदगी करे बेवफ़ाई, दे जाए दग़ा
तुम सुनाना उसे मुझसे बेवफ़ाई की सज़ा
मैं हारी नहीं, हराई गई
मेरी जीत मुझसे बार-बार चुराई गई।

पर हारकर भी जीतना मैंने चाहा है हर पल
हर गुज़रे दिन को भुलाया
हर रोज़ ढूँढ़ा मुश्किलात का हल।

तुम गवाह हो मेरी, गवाही मेरी देना
अगर मैं न रहूँ तो मेरा एक काम करना
मेरी राख को हवाओं में फैला देना
और मेरी रूह के लिए सुकून का इंतिज़ाम करना।

देवनिष्का के लिए

मेरी ज़िंदगी की बहार
तुझे ख़ुशियाँ मिलें हज़ार
तू बने विजेता 'स्व' की
फिर जीते जाकर संसार।

तेरी शक्ति का स्रोत बने तू ही
तेरा अस्तित्व न हो उधार
तू बने पूरे संसार की
संसार बने तेरा परिवार।

तेरे पराक्रम में हो विनम्रता
और विनम्रता में सिंह-हुँकार
मेरी गोद में ममता तुझसे
मेरे लक्ष्यों का तू आधार।

मैं माँ तो नहीं 'बुआ' हूँ
पर तू मेरा संसार

मुबारक हो जन्मदिन तुझको
भर-आँचल प्यार की सौग़ात!

इंसानों की ज़रा-सी पैरोकारी

मुझे लगता था हमेशा
कि इंसानों से परे की दुनिया में
अब भी संवेदनाओं का करम है
इंसानों की दुनिया में तो
इंसानियत की नाम में दम है।

कितना बड़ा झूठ है ये भी
परीकथाओं की ही तरह
कितना बड़ा छल था ये भी
चाँद से परे की बस्तियों और
गाथाओं की तरह।

कभी देखा है एक गली के कुत्ते को
जो दूसरी गली में दाख़िल होते ही
हो जाता है बेगाना
उसी की प्रजाति के कुत्ते चाहते हैं उसे
निवाला बन चबा जाना।

अपनी गली में खड़े कुत्ते का भी
दम होता है तब तक अधूरा
जब तक वहीं के कुत्तों का हुजूम
न कर दे उसका ये अरमान पूरा
पहली गली का कुत्ता दूसरी गली में
मारा जाता है अक्सर कुत्ते की ही मौत
प्रजाति उसी की होती है
पर होती है हत्यारी, नहीं होती सहारा।

अपनी मुँडेर पर कबूतरों को दाना डालते भी
देखती हूँ मैं हमेशा
कुछेक कबूतर चाहते हैं सारे दाने खा जाना
उड़ाते हैं दूसरे कबूतरों को मारकर चोंच
फड़फड़ाते हैं पंख ज़ोर-से उनपर
नहीं देना चाहते एक दाने में भी हिस्सा
अगर कोई कबूतर होता है बीमार-सा या बच्चा
उसे तंग करने और सताने में ये भी
नहीं खाते तरस ज़रा-सा।

सुना है शेर होता है जंगल का राजा
पर उसे दिक़्क़त रहती है दूसरे शेरों से
अकेला राजा रहना ही लगता है उसे अच्छा।

सुना है मोरनियाँ हों या दूसरी मादाएँ
नहीं सह पातीं दूसरी मादाओं की मौजूदगी
लील जाती हैं अपने हिस्से का बँटवारा।

जब देखती-सुनती हूँ
पंछी-जानवरों में ममता-भरी कहानियाँ
जनने-पलने-खेलने-चलने तक सारे बच्चे
पाते हैं अपनी माँओं की ही छाया।

तब उलझ जाती हूँ कि क्या मर्द ही नहीं
सारे नरों का बस इतना ही होता है काम
कि माँ बनाकर निकल लें दूजे रस्ते
ज़िम्मेदारियों में न देना पड़े कोई योगदान।

ये सारी की सारी मादा माँएँ
सार्थकता के नाम पर सिर्फ़ इतना ही अस्तित्व पाती हैं
कि अच्छी माँ बन जाएँ
और भुला दें अपनी उड़ानें, अपनी छलाँगें।

मैं तो कुछ ही जानवरों और परिंदों को देख-समझ पाई हूँ
और इतने से ही इतना चकराई हूँ
कि लगता है पैरोकारी करूँ अपनी इंसानी दुनिया की
उन सभी के सामने
जो कहते हैं अब इंसानों से परे
सिर्फ़ जानवरों में बसता है इंसानियत का जहान।

वक़्त के साथ मान लिया न हम सभी ने
कि झूठी होती हैं सारी परीकथाएँ
नहीं होता चाँद पर किसी जन्नत जैसी ख़ुशियों का जहान
तो मान लेना चाहिए ये भी
कि ये पूरी दुनिया ही है स्वार्थ से सनी
एक की मौजूदगी से पड़ जाती है दूसरों को कमी
जहाँ भी भूख है, प्यास है, ज़रूरतें हैं साँसों की
वहाँ एक का होना हमेशा है दूसरे के सीने में गड़ी फाँस-सी।

जैसे कभी दिख जाते हैं कुछ अच्छे इंसान
सब अच्छे नहीं होते, सब बुरे भी नहीं
वैसे ही परिंदों या जानवरों की मासूमियत पर
बलिहार जाने से पहले जान-परख लेना
किसमें कितना जज़्बा है त्याग का
या भरा है उनमें भी गले तक स्वार्थ का ज़हर
शायद तब इंसानी दुनिया में इंसानों के बीच रहना
नहीं लगेगा इतना बड़ा क़हर।

नहीं होते सारे जानवर हमेशा अच्छे
इतने भी बुरे नहीं होते सारे इंसान।

क्रांति सुविधानुसार

ग्राउंड फ़्लोर पर रहते हुए लगता था
नीचे दिक़्क़तों की भरमार है
सारा ट्रैफ़िक, शोर-गुल, भीड़
हर वक़्त सिर पर सवार है।

नीचे ही गटर है तो बू भी आ जाती है
कभी नाली भर जाए तो
कीचड़ में ज़मीन खो जाती है
कभी खेलते हैं सामने के पार्क में शोर करते बच्चे
तो नींद हराम हो जाती है।

तब सोचती थी कि ऊपर की मंज़िलों पर
सुख ज़्यादा होते होंगे
ऊपर से लगता होगा सुंदर हर नज़ारा
लोग कितने आराम से सोते होंगे।

अब मेरे पास बहुत ऊँची मंज़िल पर
एक बहुत ही साफ़-सुथरा मकान है
आसमान से मिलाती हूँ नज़रें
देख सकती हूँ दूर तक जहान सारा।

लेकिन दिक़्क़तों की लिस्ट यहाँ भी जारी है
कभी मच्छर, कभी कीड़े तो कभी छिपकलियाँ सुकून पर भारी हैं।
इतनी ऊँची मंज़िल पर भी नहीं छूटा चूहों से पीछा
उनकी मौजूदगी मेरे आराम में सेंध लगा जाती है
ज़मीन पर रहने में दिक़्क़त
ऊँचाई की अपनी परेशानी है
दुनिया है या दिक़्क़तों की दुकान
हर तरफ़ सिर-दर्द, मारा-मारी है।

चाँद की तरफ़ भागना छलावे से भर देता है
जब वहाँ परियों की बस्तियाँ नहीं
गड्ढों से पाला पड़ता है।

हम इंसान हर परेशानी में निजात पाकर
सुकून से सो जाना चाहते हैं
पर पता नहीं जूझते हैं क़ब्र में कीड़ों से ख़ामोश मजबूरी में
या जलते हुए चिता पर बेबस-मौन बिलबिलाते हैं।

पूरी दुनिया को ज़रूरत है सुकून की, शांति की
पर यही नहीं हैं कहीं भी
क्योंकि दुनिया सुविधानुसार ही चुनती है राह क्रांति की।